U0058611

普 天 之 下 · 盡 是 好 書

普天出版家族
Popular Press Family

淩雲文創
A-Plus Creative Company

用 讚 美 的 方 式 表 達 自 己 的 意 思

懂得讚美，

Praise them, the effects will increase several times

效果會增加好幾倍

美國心理學家威廉．詹姆斯曾說：

「人類本性最深的企圖，就是期望被讚美、欽佩、尊重。」

確實如此，
人性的最大弱點，就是內心深處都渴望受到讚揚、吹捧、敬重，因此，溝通、交涉、談判的時候，必須妥善運用這項弱點。

尖銳的言語和嚴厲的口氣，只會讓對方產生逆反心理，當你想和對方交流或是表達自己的意見時，千萬不要採取這種愚蠢的方式，而要先透過適度的讚美緩和氣氛，等對方卸下心防之後，再適時出自己的看法。

陶 然 編著

•出版序•

看穿人性弱點說話術

不論溝通、談判或是推銷自己的想法，想要順利達成目的，就必須先看穿對方潛藏的心思，突破對方的心防，牽引對方往自己設定的方向走。

戴爾．卡內基曾說：「如果你想要別人接受他們不想接受的要求，只需將這些要求包裝在他們喜歡聽的話語之中。」

確實如此，不論溝通、談判或是推銷自己的想法，想要順利達成目的，就必須先看穿對方潛藏的心思，然後用對方最喜歡聽的話語，巧妙地傳達自己的意思。如果你能在言談間看穿對方正在想什麼，便可以突破對方的心防，牽引對方往自己設定的方向走。

人性的最大弱點，就是內心深處都渴望受到讚揚、吹捧、敬重，因此，想要進行有效的溝通、交涉、談判，必須妥善運用這項弱點，先透過適度的讚美讓氣氛融洽，等對方卸下心防之後，再適時說出自己的看法。

尖銳的言語和嚴厲的口氣，只會讓人產生厭惡心理，無論在什麼場合，都不要採取這種愚蠢的方式。

說話就像一把雙面刃，話說得好、說得巧妙，事情自然可以圓滿順利；說得不好、說得糟糕，則可能激發對方的逆反心理，讓正在溝通的事項變得更加棘手。因此，你必須學會看穿人性弱點的說話技巧，設法突破對方的心防，並確實運用於每個需要溝通的場合，讓同事、上司、客戶或是交涉的對象成爲最好的助力，而非最大的阻力。

繁忙的人際交往中，人與人之間的溝通對話不可避免。

一個會說話的人，每一句話都能打動人們的心弦，好像具有一種不可知的魔力，操縱著人們的情緒。他的一舉手一投足，嘴裡發出來的一言一語，彷彿都能影響到周圍空氣的鬆弛與緊張。

這種感染的力量是什麼？就是口才。

和別人接觸的時候，有四件事情容易被人用來當作標準，評定我們的價值，那就是我們做的、我們的面貌、我們說的話，以及我們如何說話。

可惜，許多人爲了種種瑣事的繁忙，忘記最重大的事，缺少時間研究他們的「辭藻」，甚至不肯花一分鐘的時間思考如何充實自己的辭句、如何增加辭句的意義，如何使講話準確清晰。

有些人以爲，只要有才幹，即使沒有口才，也可以達到成功的目的。

這種觀念並不完全正確，有才幹並且有口才的人，成功希望才更大。因爲一個人的才幹，完全可以從言語談吐之間充分地表露出來，使對方更進一步地瞭解，並且信任。

人際關係專家畢傑曾說：「如果你想把話說到別人的心坎裡，就必須知道如何利用別人最喜歡聽的話，間接傳達你想要傳達的意思。」

的確，同樣的一件事，用不同的兩種話來表達，最後的結果往往是大相逕庭。如果你可以在事前就知道你想要傳達的人喜歡聽什麼話，然後再用他喜歡聽的話間接傳達你的意見，那麼，對方欣然接受的程度肯定會高出許多。

口才，是生活中應用最普遍也最難能可貴的說話技術。然而，與你交談的對象當中，有幾個長於口才？在日常的談話中，在大庭廣衆的集會中，你遇到過多少使你滿意的談話對象？曾有多少人，能夠把話說到你的心裡去？恐怕都是屈指可數吧！

不論是面對家庭，還是職場，甚至是整個社會，期望無往而不利，少不了得培養自己的口才，強化自身的說話能力。

不能僅僅是說話，而是要把話說到聆聽者的心坎裡去！

口才是現代社會必備的競爭資本，也是增強人際關係的要素，懂得把話說得更巧妙，懂得把意見滲透到別人心裡，更是商業社會的成功之道。

很多人失敗，並不是敗於實力不濟，而是不知道運用「語言」這項利器。唯有細心研讀並靈活應用語言的魅力，具備良好的說話能力，才能增進自己的各項能力，在商業社會遊刃有餘。

PART 1 投其所好，談話最有功效

不妨這麼告訴自己：為了成為一個會說話的人，為了達成合乎情理的目的，「投其所好」沒有什麼不可以。

言語溫和勝過尖銳指責

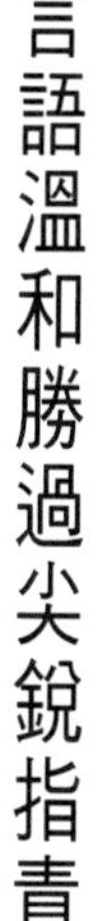
人際相處，不可避免會有一些不愉快的事情發生，面對這種情況，要少些批評、多些理解，讓自己的溝通能力更上一層樓。

PART 3

先讚美，然後再責備

先表示讚揚，用讚美的話語當中和劑，令對方反駁不是，發怒也不是，再有理有據地批評，更能令人心悅誠服地接受。

PART 4

把對方當主角，成效會更好

想要博得他人的喜歡，在交談的過程中卸除心理防備，就要把對方當作「談話內容的主人翁」。

PART 5

善用說話技巧獲取他人好感

若能把握各種談話方式，在各種交際應酬場合適當地運用，會讓口才更加出眾，也能加深他人對自己的好感。

說話繞個彎，更討人喜歡

話中有話，是高明的待人處世方式之一，學會將說出的話繞個彎，才不至於衝撞別人，更能討得他人的喜歡。

說話能力決定你的競爭力

與其說推銷語言是一門技術，倒不如說是一種藝術，因為一句話可以讓人跳，也可讓人笑。

口氣決定你的運氣

如果說興趣，是談話的潤滑劑，那麼，風趣幽默就是銷售的調味料。銷售員如不能適時來一點「噱頭」，客戶就會昏昏欲睡。

PART 9

尊重，讓彼此更容易溝通

凡是善於談話的人，必定會小心翼翼斟酌說話方法，不使溝通陷入僵局。只要談話之門沒有關上，就永遠不愁無話可說。

恰如其分地讚美別人

要恰到好處地讚美別人不是一件容易的事，但如果稱讚得體，就能博取對方歡心，快速拉近彼此之間的距離。

PART 1

投其所好，談話最有功效

不妨這麼告訴自己：為了成為一個會說話的人，

為了達成合乎情理的目的，

「投其所好」沒有什麼不可以。

適度讚美，讓說出的言語更美

若在讚美別人時，不審時度勢，不能掌握一定的技巧，即便是真誠的讚美，也可能產生負面效果。

生活中，我們經常需要稱讚別人。

真誠的讚美，於人於己都有重要意義。對別人來說，他的優點和長處，因你的讚美顯得更有光彩；對自己來說，表明你有開朗的胸懷，並已被他人的優點和長處所吸引。

美國心理學家威廉．詹姆斯說：「人類本性上最深的企圖之一，是期望被讚美、欽佩、尊重。」

確實如此，渴望受讚揚是每一個人內心的基本願望。

在現代人際交往中，讚揚他人已成爲一門獨立的學問，能否掌握並妥善運用，使符合時代的要求，是衡量現代人的素質的一項標準，也是衡量個人交際能力高低的重要標誌。

當教師的人都明白：對落後的學生，過多的處罰和批評往往無濟於事。這些學生乍看簡直一無是處，但只要你能找到一個優點，予以大力讚揚，他就會產生上進心，逐漸往好的方向發展。

由於小小的誤會或久未接觸，人與人之間難免產生隔閡。消除隔閡的最有效方法，就是恰到好處地讚揚對方，融洽彼此瀕臨破裂危機的關係和感情。

讚美是件好事情，但並不是一件簡單的事。若在讚美別人時，不審時度勢，不能掌握一定的技巧，即便是眞誠的讚美，也可能產生負面效果。

讚美時，應遵守以下準則：

•實事求是，措詞適當

讚語出口前，先要考量一下，這個讚美有沒有事實根據？對方聽了是否會相信？第三者聽了是否不以爲然？

一旦出現異議，你又沒有足夠的證據來證明自己的讚美站得住腳，就會弄巧成拙。所以，讚美必須在事實基礎上進行。

不僅如此，措詞也要講究適當。

例如，一位母親讚美孩子：「你是一個好孩子，有了你，我感到很欣慰。」這種話就很有分寸，不會使孩子驕傲。

但如這位母親說：「你眞是一個天才，我所看過的小孩中，沒有一個趕得上你的。」那會因爲過度誇大，養成孩子驕傲的性格。

●借用第三者的口吻讚美他人

有時，我們爲了博得他人好感，會讚美對方一番。但若由自己說出「您看來眞是年輕」這類的話，不免有恭維、奉承之嫌。

與其如此，不如換個方式，向對方說：「怪不得大家都這麼稱讚，您看來眞是年

輕又漂亮。」

借用他人的口來讚美，更能得到對方的好感與信任。

●間接地讚美他人

有時，當面讚揚一個人，反而會使他感到虛假，或者會疑心你不是誠心的。這種時候，間接讚美的效果更好。

無論將間接讚美用在大衆場合，或個別場合，只要能傳達到本人耳裡，都是有效的。除了能達到讚揚鼓舞作用，還能使對方感到你的眞誠。

●讚揚須熱情具體

經常可以看到，有人在稱讚別人時，表現出來的態度卻漫不經心。

「你這篇文章寫得蠻好的」、「這件衣服很好看」、「你的歌唱得不錯」，這種缺乏熱情的空洞稱讚並不能使對方感到高興，甚至會由於過度明顯的敷衍而引起反感不滿。

稱讚別人，要盡可能熱情些、具體些。

比如，上述三句稱讚的話，可以分別改成：「這篇文章寫得好，特別是後面一個論點極有新意。」「你這件衣服很好看，剪裁很能襯托你的身材。」「你的歌唱得不錯，高音非常動聽哪！」

●比較性的讚美

兩個學生各拿著自己畫的一幅畫，請老師評價。老師如果直接對甲說：「你畫得不如他。」乙也許感到得意，但甲心中一定不悅。

當碰上這種狀況，不如運用比較性讚美，對兩人說：「甲的構圖已經相當成熟了，但乙的用色明顯更出色搶眼些。」

這樣一來，乙仍舊很高興，甲也不至於太掃興。

●把讚美用於鼓勵

用讚美來鼓勵，能激起人的自尊心。而要一個人努力把事情做好，首要條件，正

在於激起自尊心。

有些人第一次做某件事情，結果不理想，你應當怎樣說他呢？千萬要告訴自己，不管對方有多大的毛病，還是該給予肯定，鼓舞說：「第一次有這樣的成績，已經不錯了。」

對那些第一次登台、第一次參加比賽、第一次寫文章投稿、第一次做某件事情的人，這種讚揚，會讓他深刻地記一輩子。

●讚揚要適度

適度的讚揚，會使人心情舒暢，否則使人難堪、反感，或覺得你在拍馬屁。因此，合理地把握讚揚的「度」，是一個必須重視的問題。

一般說來，必須做到以下三點：

1. 實事求是，恰如其分。
2. 方式適宜，即針對不同的對象，採取不同的讚揚方式和口吻，以求適應對方。

如對年輕人，語氣上可稍誇張些；對德高望重的長者，語氣上應帶有尊重的意味。對思維機敏的人要直接了當，對有疑慮心理的人，要儘量明顯，把話說透。

3. 讚揚的頻率要適當。在一定時間內讚揚他人的次數越多，作用就越小，對同一個人尤其如此。

巧用讚美，可以讓你的言語效果增加好幾倍，也連帶著使形象提高，因此，想要在人際交往中吃香，千萬別吝惜讚美他人。

改變觀念，誠心表達讚美

在稱讚別人同時，也會為自己帶來愉快，就像是一名藝術家，透過語言讚美讓彼此身心愉悅，讓周遭氣氛更美好。

想想，你上一次讚美他人，是在多久之前？

仔細留意便會發現，日常生活中，在我們身邊，必定有許多人不願輕易開口說出對別人的讚美。

爲什麼會這樣呢？探究理由，多不出以下幾種：

1. 剛剛認識某個人，仍感到生疏，對情況還不大了解，怎麼好意思主動對人家表示讚美呢？

2. 與異性交往，更加不好意思讚美，尤其是當男人面對一位年輕漂亮的女郎，儘管覺得對方是個美人，卻擔心從嘴裡吐出的讚美遭到誤解，被認為居心不良，因此還是不說為妙。

3.關係親近、朝夕相處的人，彼此早已相知，何必還要表示讚揚？既然不懷疑相互的感情和信任，還有必要表示自己的喜愛和讚賞嗎？弄得不好，反倒顯得不自然、尷尬吧！

4.有的人已經獲得很高的成就，夠幸運、夠得意了，沒必要當面再去稱讚，否則對方豈不是更得意，且更顯得自己更不如他？

5.對於售貨員、服務員或某位商人，沒有必要表示我們對商品或服務的滿意，因為他們做得再好，也是為了賺我們的錢。做好本分內工作是理所當然的事情，既然自己付了錢，有什麼必要再表示滿意和感謝呢？

6.對於領導者，更不可隨便表示讚揚。也許上司確實有值得稱讚的地方，可對這種人盡說好話，別人發現了，豈不被當成拍馬屁？

7.有些人實在太平凡了，甚至還有不少毛病，根本不怎麼樣，就算有可取之處，也不過是些瑣碎、細小的事情，沒有讚揚的價值。

以上這些想法，在邏輯上或許有一定的道理，不是全然不通，但卻足以造成超乎想像的嚴重阻礙，讓我們無法把話說得更好，自然也不可能在人際交往中走向最佳狀態。

為什麼許多人會有類似想法？

往更深一層看，我們還可以探究出以下這幾個原因：

1. 對讚揚的意義理解不深，或僅透過庸俗的角度來理解，認為只在有求於人或巴結討好人時才有必要給對方戴高帽子，而自己一向心地坦誠、作風正派，何必要來這一套？

2. 為人拘謹，老實木訥，不僅不好意思對他人表示讚賞，同時也擔心別人會對自己有任何懷疑或不好的看法。特別是在陌生人、異性和領導者面前，更感到憂心、拘謹，更無法將讚美說出口。

3. 由於心態不良、心理不平衡，懷著嫉妒心或虛榮心，不肯讚揚職務和成就高過自己者，而對不如自己的人又不屑一顧。

4.只想到自己需要別人的讚揚，而不考慮別人也同樣需要得到自己的讚揚。尤其是抱持自卑心理的人，總會覺得自身人微言輕，即便提出讚揚也無足輕重，不具太大意義。

5.無法恰當掌握讚揚的語言藝術，或曾經讚揚過別人但收效不佳，因而誤以為讚揚沒什麼價值，甚至還可能適得其反。

總的來說，吝於讚美不出兩方面原因：一是心態不夠積極，一是不懂得交際的奧秘，不會說話。

正如任何一個人都不可能沒有缺點和過錯一樣，人也不可能沒有值得讚賞的優點和長處。心中抱持偏見者，對某人某事常常固執地囿於自己的看法，即使事實證明犯了錯，也不肯輕易改變。

試想，如果你對某個人說：「我一看見你就覺得討厭！滾開！不要讓我見到你！」這不僅不尊重別人，也等同於一種自我封閉和扼殺，使自己變得令人厭煩，沒有任何好處。

想要讓別人喜歡自己，就該主動釋出善意，去喜歡、關心、了解他人，且做到全面地、實事求是地關心和了解，而不是只將眼光放在對方的缺陷上。看到蘊含的潛力，而不是只看已經體現出來的價值。能夠抱持這種想法，你就不會認爲他人「實在不怎麼樣」，半點値得讚賞之處也沒有。

最重要的一點，是你能否看出對方的優點，即使相當渺小，也應當拿出「伯樂」的眼光，致力於發現並讚賞。學會讚揚別人，對於提升說話能力與發展人際關係有很大的幫助，極有可能會成爲你的極大優勢。

此外，要建立一個正確觀念：發現別人有什麼優點，就要及時且直接地表示讚揚，不要等事過境遷後才感到遺憾，不要等到對人有所求時才出口，誠心的讚美絕不等同於膚淺的客套恭維。

想提升自己的說話能力，絕不能吝惜讚美。

要知道，在稱讚別人同時，也會爲自己帶來愉快，就像是一名藝術家，透過語言讚美讓彼此身心愉悅，讓周遭氣氛更美好。

抓住讚美技巧，收效更好

背後讚揚是一種至高的說話技巧，因為人與人相交，最難得的就是在背後說好話，而非閒言閒語。

毫無疑問，會站在對方角度說話的人比較吃香，但是，無論做任何事情、說任何話，都不可以盲目或者過度，必須控制在適當的範圍內，否則，即便是好事、好話，也會產生負面效果。

讚美正是一把雙面刃，能增進人際關係，也能破壞人際關係。期望開口說出的是恰如其分的讚美，可從以下方面要求自己：

- **出於真誠**

不真誠的讚揚，必定會給人虛情假意的負面印象，或者被認爲懷有某種不良目的，如此一來，受讚揚者非但不會感謝，反而感到討厭。

言過其實的讚揚，不能實事求是，會使接受者感到窘迫，也會降低讚揚者自身的威信。虛情假意的奉承，對人對己都有害無利。

●不失時機

對朋友、同事身上的特點，要盡可能隨時隨地去發現，抓住時機，積極回饋，即便是一個表情、一個動作、所說的一句話、所做的一件事，都應把它們看在眼裡、記在心裡。

讚美的時機多種多樣，當時、事後、大庭廣衆之下，兩人獨處時都可進行，但一般以當時、當衆讚美的效果最佳。

●培養「慧眼」

你從對方身上發現的特色、潛能、優勢，最好是其他人都沒有發現，甚至連當事人自己都不清楚的。

這種讚揚能讓接受者驚喜，瞬間增強自信，更對讚美者產生好感。

●與對方的好惡相吻合

若某樣特質一向被對方認爲是缺點，內心極爲厭惡，但卻被你誇獎，必定無法令他接受。試想，如果你讚美朋友像某位電影明星，可他恰好極討厭這位明星的相貌或性格，這樣的讚美會有效果嗎？

答案當然是否定的。

●找出對方最渴求讚美的特質

各人必定都有各自優越的地方，更有自知優越的地方，固然盼望得到別人公正的評價，但更希望某些特質能得到恭維。例如女孩子，都喜歡聽到別人誇讚她們外表的美麗，但對於具有傾國傾城姿色的女孩，不妨改稱讚她的內涵、智慧吧！相信這會比其他千篇一律的恭維更令她印象深刻。

• 善用間接恭維

引用他人的評價，對某位朋友、同事過去的事蹟，也就是既成的事實，加以讚美，就達到了「間接恭維」的目的。這證明了你對他的成就、聲譽有所了解，對方不僅會欣然接受你的好意，且將以親切、熱情的態度回應。

• 在背後讚揚

背後讚揚人是一種至高的說話技巧，因爲人與人相交，最難得的就是在背後說好話，而非閒言閒語。如果朋友知道你在別人非議他時挺身而出、主持公道，怎麼可能不感激？

• 引其向善

讚美與諂媚、奉承、拍馬屁的一個極大區別，在於當中含有「引其向善」的積極性意義。你若希望對方擁有哪些優點、鞏固哪些優點，就該敏銳地發掘，並及時予以鼓勵。對方的自尊心得到滿足、感受到激勵後，自然會朝你所期望的方向努力。

•言語含蓄

過直、過露的讚美，很有可能讓聆聽者感到過分肉麻，反而留下不好的印象，而巧用抽象含蓄的言辭，更有辦法達到使人迷醉的效果，因爲語辭本身含有多方面涵義，可做多種解釋，對方會不自覺地往好的方面去想。

•採用直觀性讚美

面對初相識者，可多使用這種說話方法。

無論是從對方身上的飾物、衣著、裝扮或者其他具體事物切入，具「發現性」的直觀讚美都能讓對方感到輕鬆、自在，從而使交談氣氛活潑起來。

懂得站在對方的角度說話，懂得讚美的人必定受人喜歡。想暢通自己的人際交流管道，千萬別疏忽了讚美的技巧。

懂得溝通，比較容易成功

言語是人類互相交際、了解、傳達感情、溝通思想的最好工具，不擅於應用者，必定要在交流中吃大虧。

人際溝通作家葛瑞斯曾說：「有時候，會說話的人，不見得比不善於表達的人有能力，但是卻比不善於表達的人，更受到別人的青睞。」

其實，在這個有能力不一定就能成功的時代，如何與人進行有效的溝通、如何用最精確的話語，將自己的意思表達出來，往往就是一個人是否能夠成功的最重要關鍵。

日常生活中，會說話的人，總可以流利地表達出自己的意圖，也能夠把道理說得很清楚、動聽，使聆聽者樂意接受。

有時候，還能立刻從問答中測定對方言語的意圖，由談話中得到啓示，增加對現況的了解，從而促進雙方關係的穩固。相較之下，不那麼會說話的人，明顯不能完全地表達出自己的意圖，談話過程中，經常陷入使對方費神又不能表達自我的窘境。

簡單來講，就是詞不達意。

說話是爲了把自己的意思告訴別人，讓別人明白，從而互相了解。如果說出的話不使人信服，沒辦法激起半點反應，就毫無作用，等於沒說。

你必定會問，如何才能「把話說進別人的心坎裡」呢？

說穿了，秘訣只在一點：知道自己的優劣，也清楚對方的優劣，然後試著站在對方的角度說話，便能應付自如。

說話是要針對人的，見什麼人，說什麼話，斟酌每個人或每件事的情況與需求做調整，不可妄想「一招半式闖江湖」。

是否有過類似的經驗？同樣的要求，對某個人提出，他欣然地接受，但對另一個人說，對方不但不能理解，而且還大表反感。這就是無法做到「知己知彼」者最容易犯下的錯誤。

有些時候，我們明明很在意某個人，可是他一點也不知道；我們明明非常關心某個人，卻還經常被對方嫌太過冷淡。

試想，這是多麼使人痛心的事！所以，在成爲高明的說話者之前，我們要先注意別人眼中看見的，了解別人心裡究竟在想些什麼。

當面對著一群人說話的時候，不但要顧到全體，還要特別照顧那些不被注意的聽衆，這樣做，不但可以解除衆人不安或不起勁的負面情緒，更可以讓我們說出的話得到熱烈的支持。

不要忘記對別人善意的言語表示感激，讓你的朋友具體地知道你的想法，知道他對你有很大的影響。

只要眞心誠意，必能把心中眞實的感情傳遞出去。

若你本身就是富有同情心的人，一定能警覺地注意自己的言語，不至於在無意中傷害別人，就算不小心失言，也能夠在覺察之後，立刻向對方表示歉意。並且，在遭受他人無心的言語傷害時，以寬容態度應對。

人都希望自己是快樂的、幽默的，也比較喜歡與這類人相處。快樂是一件極寶貴的東西，無人不需要。由此延伸，我們可以知道，用快樂積極的態度說話，更容易受歡迎，達到目的。

作家惠特尼曾經如此寫道：「說好一句話，有時候比做好一件事更容易獲得別人的重視。」

確實，在這個每個人都喜歡聽好話的時代，說好「話」的確比做好「事」更容易讓你引起別人的注意。因此，如果你想獲得成功，那麼在溝通的過程中，如何把話說到別人的心坎裡，絕對是必修的一門學分。

言語是人類互相交際、了解、傳達感情、溝通思想的最好工具，不擅於應用者，必定要在交流中吃大虧。

投其所好，談話最有功效

不妨這麼告訴自己：為了成為一個會說話的人，為了達成合乎情理的目的，「投其所好」沒有什麼不可以。

一個會說話的人，必定懂得站在對方的角度，「投」聆聽者「所好」。

「投其所好」常常被看作貶義詞，爲人鄙夷，這主要是因爲「投其所好」者的目的往往是自私、不可告人的。但是，假如目的光明磊落、合乎情理，「投其所好」又有什麼不可以？

心理學研究證明，情感引導行動。積極的情感，例如喜歡、愉悅、興奮，往往能產生理解、接納、合作的行爲效果；而消極的情感，如討厭、憎惡、氣憤等，則會帶來排斥和拒絕。

所以，若想要人們相信你是，並按照你的意見行事，首先要得到人們的喜歡，否則必定失敗。

要使別人對你的態度從排斥、拒絕、漠然處之到產生興趣，並更進一步予以關注，需要最大限度地引導、激發對方的積極情感。

「投其所好」，實際上就是引導激發的過程。這種過程的表達方式多種多樣，經常運用的主要有以下兩點：

●發現對方的「長處」

要善於讚揚別人，善於從理解的角度真誠地讚美別人，更要培養並展現出洞察力，發現對方美好的一面。

●尋找對方的「興趣點」

與別人交談時，往往會遇到一種情況：對方並未專心聽你說，而是在做或在想別的事情；或是嘴裡應付著，眼睛卻看向別處；或者是轉移話題，跟你瞎扯……遇到這種情況，你應該儘快放棄目前的話題，尋找他的「興趣點」。

唐代大詩人白居易說過：「動人心者莫先乎情。」

情動之後心動，心動之後理順，而理順之後，事情自然會朝著有利於你的方向發展。以下的故事，相信能給你一些啟示：

柯達公司總經理伊斯特曼發明了底片，為自己贏得巨額財富，成為當時世界上最著名的商人之一。

儘管如此，他仍然像平常人一樣，渴望得到別人的稱讚。

伊斯特曼曾捐造「伊斯特曼音樂學校」和「凱伯恩劇院」，用來紀念他的母親。紐約某座椅製造公司經理艾特森，想得到承包劇院座椅的訂單，於是鼓起勇氣和伊斯特曼相約見面。

但由於伊斯特曼的工作極忙，每次訪問佔用的時間不能超過五分鐘，艾特森能利用的時間相當有限。

他被引進總裁辦公室時，伊斯特曼正埋首於桌上堆積如山的文件中，聽見有人進來，他抬起頭打招呼：「早安！先生，有什麼事情嗎？」

自我介紹後，艾特森說：「伊斯特曼先生，在外面等著見你的時候，我瀏覽了這裡的環境，感到非常羨慕。假如我有這樣的辦公室，工作情緒一定非常高昂。你知道，我是個平凡的商人，從來不曾見過如此漂亮的辦公室。」

伊斯特曼回答：「你使我想起一件幾乎忘記的事，這房子確實很漂亮，不是嗎？當初剛蓋好的時候我極喜歡它，但是現在，為太多事情心煩忙碌，我甚至連續坐在這裡幾個星期都無暇看它一眼。」

艾特森用手摸了摸壁板，問：「這是英國橡木做的，是吧？質感和義大利橡木稍有不同。」

伊斯特曼點了點頭，明顯已被挑起興趣，說道：「一點也沒錯，那正是從英國運來的橡木。我的一個朋友懂得木料的好壞，親自為我挑選的。」

隨後，伊斯特曼領著艾特森參觀了自己的辦公室，詳細講解曾參與設計的房間配置、油漆顏色、雕刻工藝等等。

當他們在室內誇獎木工時，伊斯特曼走到窗前，非常得意地表明要捐助洛加斯達大學及市立醫院等機關，以盡心意，艾特森立刻熱誠地稱許，直說他是個古道熱腸的善心人。

兩人接著又談了許多生活上、工作上、生意上的事，艾特森總是適時地表達出自己的讚歎。這場談話一直進行到中午，之後，艾特森不僅順利得到了那筆劇院座椅訂單，還與伊斯特曼成了好朋友。

人際交往中，「投其所好」的重要性，由此可以證明。因此，不妨這麼告訴自己：爲了成爲一個會說話的人，爲了達成合乎情理的目的，「投其所好」沒有什麼不可以。

培養受人歡迎的說話態度

如果你對別人表現出刻薄的神情，或者對別人說的話表示冷淡或輕視，對方的談興必定會消失。

與人談話時的態度如何，在一定程度上決定了你是否受人歡迎。能與人和顏悅色交談的人，必定能打動對方的心。

懂得站在對方的角度說話的人比較吃香，這一點無庸置疑，但如何表現才算是良好的談話態度呢？歸納起來有以下五點：

• 表現出興趣

當別人講話時，要注意傾聽。

如果你的眼睛四處張望，或是玩弄著小物件、翻弄報紙書籍，對方就會以爲你對他的話沒有興趣，感到掃興。

此外，在人多的時候，你還不能只對其中一兩個熟悉的人表示興趣，而要把注意力分配到所有人身上，對於那些話說得少，或是表情不太自在的人，更要特別留神，找機會關照。

你的注意、你的關心，形同於一種尊重和安慰，正好可以幫助他們從被冷落的窘境中解脫。

●表示友善

如果你對別人表現出刻薄的神情，或者對別人說的話表示冷淡或輕視，對方的談興必定會消失。

哪怕你不喜歡聽對方的話，或者不同意他的意見，還是應該表示出基本的尊重與友善，不要只因爲一句不得體、不適當的話，就全盤加以否定。

尊重，正是人際關係要獲得良好發展的基礎。一聽到不喜歡的話，立刻表現出自身的不快和不滿，把彼此的關係弄壞、搞僵，導致失去繼續交談、深入了解的機會，不是很可惜嗎？

●輕鬆、快樂、幽默

眞誠、溫暖的微笑，是打開他人心靈的鑰匙。

人的心靈天生對溫度有強烈的感應，遇見抑鬱、冰冷的表情，就會自然地凝結僵硬；遇見歡樂、溫暖的笑容，則相應地柔軟、活潑起來。

眞誠、溫暖的微笑，快樂、生動的目光，舒暢、悅耳的聲音，就像明媚的陽光，使一切欣欣向榮，使談話能藉更生動活潑的方式進行下去，讓所有人談笑風生，備感心曠神怡。

至於幽默感，需要慢慢地培養，它是一種興致的混合物。富於幽默的人，常常能使身處的空間充滿歡聲笑語，憑幾句妙語驅散愁雲、消弭敵意，化干戈爲玉帛、化凶戾爲吉祥。

●適應別人

跟趣味相投的人在一起就舒服、話多得很，一遇見志趣不投的人就感到彆扭、不想開口。

像這樣任著自己的脾氣去接近別人，眞正投機的人就少了。

想要讓自己更受歡迎，就該藉談話多關心別人，重視他們的想法與喜好。有些人喜歡講大道理、有些人思路較天馬行空、有些人一開口就滔滔不絕、有的人則長於深思、拙於應對，凡此種種，你都該學著自我調節，適度遷就。

碰上滿腹經綸的，讓他盡情地宣洩；守口如瓶的，由他呑呑吐吐；失意的，多給予一些安慰同情；軟弱的，多表達鼓舞和激勵。

凡是會說話的人，一旦發現對方對某一問題表現出特別強烈的興趣，便會讓他在這方面繼續發展，暢所欲言；假如看出對方對某一個問題不想多談，則會及時轉換話題，把談話引到另一個方向，免得引起不快。

●謙虛有禮

所謂謙虛有禮，絕不是說一些不著邊際的客氣話，而是一方面真誠地尊重對方、關心對方的需要，盡力避免傷害，另一方面嚴格地要求自己，對自身意見與看法抱持「可能有錯」的保留態度，虛心地聽取外界意見，做出適度調整。

和別人談話之時態度的好壞，正是能否成功達到交談目的的重大關鍵，千萬不可不謹慎。

看出對方的興趣在哪裡

在與人建立良好關係的過程中，達到興趣上的一致是很重要的。當雙方都喜歡同樣的事情，彼此的感情自然更融洽。

這是不爭的事實：人人都有一個共通點，那就是必定會對某個領域、某樣事物抱持特別濃厚的興趣。

興趣還可再分爲兩種，一是對有連帶關係事物的興趣，一種是對無連帶關係事物的興趣。

所謂「有連帶關係」的事物，是指與你和別人共同發生興趣的事物。利用這類興趣作引子，通常可以順利地在彼此之間建立良好互動關係。

那麼，再換個角度看，你必定會同意，絕大多數人對自身本職工作以外的事物更具興趣。

通常，一個人之所以從事某樣工作，不是出於自願，而是爲了謀生。但在業餘時間他所關心的事情，則完全是自己所選擇。換句話說，他最感興趣的事情是辦公室之外的，因此，透過從業務以外的事物製造機會與某人接近，可望建立起更融洽、穩固的聯繫。

一般人都希望與自己相處的人是有趣的，具有許多不同的興趣，有些自己會同樣感到特別喜歡，有些則比較淡泊。因此，你應儘量找出他們最感興趣的事，然後再從這方面去接近。

但在與別人的特殊興趣建立連帶關係的過程中，自己的眞實興趣也免不了會表現出來。畢竟，想要把話說好，進而再將人際關係經營好，單單憑一句「我也很感興趣」是絕對不夠的。

在對方的詢問下，與其表現得呑呑吐吐、躲躲閃閃，倒不如想辦法用自己的興趣去引起別人的興趣。

在與人交談、交往的過程中，該如何使他人了解自己對某件事情同樣具有濃厚興趣呢？

無庸置疑，對於題目本身，你必須具備相當的知識，以證明自己的確下過一番功夫、做過相當研究，絕非信口胡謅。

越是面對值得接近的人，越應該努力對他所感興趣的事情做進一步了解。切記，除非你能夠好好地應付，得到信賴，否則對方不可能提供你想知道的任何事情。

爲什麼幼稚園老師有辦法去哄那些哭鬧的小朋友，讓他們破涕爲笑呢？受過專業教育訓練的她們當然有訣竅，其中一項，在於能站在孩童的立場，設身處地、將心比心地迎合孩子們的興趣和思想。

這種做法純粹出於熱忱，而熱忱絕對是使應酬成功、讓話說得更好的因素。當你的內心充滿熱忱，提出的將不是令人難堪的問題，而是別人樂於回答，或者是他所熟悉的問題。

例如，你知道某人去過美國，因此向他問及美國的事情，他一定會非常高興、滔滔不絕地講述起相關的訊息，即使你最開始的目的不過想問問入境手續，他也可能一股腦地連紐約帝國大廈的電梯快到什麼程度都告訴你。

如何實現與他人興趣一致的目的呢？專家提出以下三步驟：

1. 找出別人感興趣的事物。
2. 對他感興趣的題目，設法先建立起相關知識。
3. 明白地對他表示出你確實感到興趣。

在與人建立良好關係的過程中，達到興趣上的一致是很重要的。當雙方都喜歡同樣的事情，彼此的感情自然更融洽。

過程中，不但需要主動且積極地釋出善意，更需要良好的說話技巧輔助，畢竟，會說話的人比較吃香。

語言質樸，較能令人信服

因為值得信賴，將質樸的言語運用在商場上，往往可以從花言巧語包圍中掙得一片天，收到比預想更出色的效果。

能夠打動人心的，不見得都是經過設計的言語。有時候，只是簡單的一句話、一個小動作，便可以帶給別人深刻印象與感受。

不妨看看日本名作家相川浩曾經講過的一則故事：

有一位收款員，是一個倔老頭，挨家挨戶向客戶收款時總面無表情，只生硬地說出錢數：「您好，上個月的款項是兩千三百元。」

一次，他到某戶人家按門鈴，女主人出來應門，家裡的孩子也跟了出來，抱著媽媽的大腿，直勾勾地望著他。收款員依然沒有任何表示，接錢、遞收據、離開，一副公事公辦的模樣，讓這家的女主人相當不高興。

一個秋天的晚上，門鈴響了，女主人猜到一定又是那名陰沉的收款員，老大不高興地打開了門。來者果然一如預料，但想不到的是他竟主動向門裡瞄了一眼，接著問：「怎麼了？」

女主人愣在當場，不明白對方指的是什麼，收款員見狀又接著問道：「今天怎麼沒看見孩子跟出來呢？」

「啊！他有點發燒，已經睡了。」

「原來是這樣，希望他早日康復。啊！本月款項是兩千八百六十元。」

說完，一手遞出收據，一手接過錢，便轉身離開了。

收款員的聲音仍和平時一樣平板無起伏，說出來的話也同樣簡短且「經濟」，但那句在口裡無心嘟噥的祝福卻讓女主人深受感動，當下認定他必定是一位大好人，只是不善於表達自己。

現今社會，提供上門服務的商店或企業很多，派出的業務員幾乎個個能言善道、伶牙俐齒。不過，在這位女主人心中，倔老頭收款員平實質樸的話語反倒更令人感動。這個故事所展現，就是質樸語言的典型特點。

一般來說，語言趨向平實質樸，特點是內容樸素實在、不事雕琢，看不出刻意設計的痕跡，句式結構簡單，也很少使用比喻、暗示、誇張等修辭方式。由於表達上語氣和緩，聲調變化較少，但內蘊精深，自有魅力，因此也有人稱「零度風格」。

談話若平實質樸，便能在人心中留下坦誠率直、忠厚老成的良好印象。不拐彎抹角，不油腔滑調，老老實實地談出自己的要求和想法，對方會認定你心口如一，值得信賴，自然比較容易接受你的意見或建議。越是平實質樸，越能夠幫助你準確地表達出眞心話。

切記，眞理是樸素的，任何雕飾都會使事物失眞，只有平實地把話說出來，才能保持思想的「原汁原味」。

推銷員介紹商品時，特別需要講求語言準確。

顧客需要了解商品的眞實情況，否則無法做出決定，誇大的言談只會引起反感，「最佳」、「一流」、「超級」、「獨一無二」之類的形容詞無疑降低了談話的可信度。

用平實、質樸的語言風格陳述事實、講清道理，較能令顧客或對手信服。

平實質樸不等於單調乏味，淺薄粗俗。

作爲一種語言風格，平實質樸並不意味著有什麼說什麼，想到哪裡說到哪裡，因爲那樣講出來的話必定毫無魅力，不僅使人感到味同嚼蠟，甚至還可能粗俗且不堪入耳。

眞正的平實質樸，應該是平中見巧、淡中有味，「看似尋常最奇崛」，蘊含著深刻的意味，說出每一句話都經過反覆推敲，字斟句酌，看似平淡，實則並不簡單。

因爲值得信賴，所以將這樣的言語運用在商場上，往往可以從花言巧語包圍中掙得一片天，收到比預期更出色的效果。

PART 2

言語溫和勝過尖銳指責

人際相處，不可避免會有一些不愉快的事情發生，
面對這種情況，要少些批評、多些理解，
讓自己的溝通能力更上一層樓。

出色溝通，讓你更接近成功

縱觀現代社會，無論是任何領域，凡是享有盛名的成功人士，無不善於運用言語的力量，說服別人、強化自己。

貝利果說：「言語的用途，在於裝飾思想。」

這是一個群居的社會，人人來自不同的背景，有著不同的脾氣、喜好、個性，自然而然，對很多事情的看法都存在著差異。

如此情況下，如何與人建立共識？如何「裝飾」自己的思想，讓它們更順利地爲他人接受，甚至肯定？

毫無疑問，這考驗著每個人的溝通能力。

什麼是溝通？簡單地說，就是爲人處事的方法和技巧。

成功大師戴爾．卡耐基認爲，人際關係的確立是取得成功的重要因素，並曾指出：一個人事業的成功，只有十五％是由於他的專業知能，另外的八十五％取決於自身的人際關係、處事技巧好壞。

曾任美國總統的雷根，被譽爲「偉大溝通者」，絕非浪得虛名。漫長的政治生涯中，他深切地體會到溝通的重要性，因此於總統任期內，始終保持著閱讀來信的習慣，每天都會要求自己閱讀重要信件，然後再一一回覆。

由此可見，溝通已經成爲人際交流的一項重要手段，在人與人的交往互動中產生著至關重要的作用。少了溝通，等於迷失了通往成功殿堂的路徑，更缺少得到關愛的機會，自然也難以與他人建立起天長地久的穩固友誼，家庭生活就難以維持和諧。在競爭激烈的商業社會，「會溝通，好辦事」的道理，已逐漸爲人們重視。

日常生活中，溝通兩字經常從人們口中出現，可是，眞正要做到靈活巧妙運用，談何容易？

當然，良好溝通並非「不可能任務」，只要掌握住正確方法和技巧，就有機會將人際關係與事業經營好，左右逢源、無往不利。

隨著經濟的迅速發展，人們生活水準日益提高，在廣泛的交際活動中，相對平等的概念越來越清晰，要求尊重他人的地位、尊嚴、人格，因此對溝通技巧的拿捏不可不慎。

都羅里斯曾說：「悅耳有力的話語，是人不可缺少的重要部分。」

確實如此，縱觀現代社會，無論是政界、商場，或其他任何領域，凡是享有盛名的成功人士，無不善於運用言語的力量，說服別人、強化自己。

溝通，已成為人際交往必須借重的重要手段。

想要成功，你不能不與人溝通。

消除對方的「心結石」

如果知道別人腦袋裡有錯誤的思想、對自己有成見，就該像捉蟲子似地將它揪出來，如果姑息，那就是害了他，彼此的關係也不會改善。

在這個注重自我行銷的商業社會裡，說話已經成為專門藝術，因為，增強說話能力，不僅可以適時操縱人心，順利達成自己的目的。

口才好，懂得站在對方的角度，把話說得恰到好處，就能左右逢源。相反的，要是既不關心說話對象，又不懂說話的藝術，便註定處處屈居下風。

培養自己的說話能力，其實就從小技巧的訓練開始，只要願意開始，你就可以讓自己的言談技巧展現力量。

人的身體除了可能會有膽結石、腎結石之外，應該還會有「心結石」。所以，在人際交往的過程中，如果感到有人對自己有成見，而這個人對整件事又至關重要的話，就要先想辦法瞭解對方心中到底在想些什麼。

放任不管或冷漠以對，絕不是好辦法，要針對問題挑明解說，讓對方有重新思考的機會，如果對方能想得通，心裡的「結石」自然就會溶解啦！

例如，當年甘迺迪競選美國總統時，許多民眾雖然頗爲欣賞他的聰明才幹，但是心中還是存有一些疑慮。

首先，他似乎太年輕了，美國歷史上還沒有這麼年輕的人當總統；其次是他的宗教信仰，甘迺迪是天主教徒，但當時天主教徒只佔美國公民的十分之一，民眾害怕甘迺迪當上總統後，會對人民的宗教信仰自由有所影響。

甘迺迪深知民眾心中的這些疑慮，不但不迴避這些問題，反而針對大家心中的疑慮一一做了說明。

當競選對手譏諷他過於年輕：「要當總統，總得有幾根白頭髮吧？」

甘迺迪提出的回應是：「頭髮白不白和能不能當總統沒什麼關係，最重要的是頭髮下面有沒有東西！」

他又對自己的宗教信仰問題做了說明：「就是因為天主教徒是美國的少數公民，所以如果我選上了總統，就代表這個國家尊重少數公民，以後黑人、黃種人、其他少數宗教的人都可以當總統了。」

甘迺迪所做的解釋不但一掃大家心中的疑慮，甚至還因此奠定了少數公民的票源，最後順利當選總統。

所以，如果知道別人腦袋裡有錯誤的思想、對自己有成見，就該像捉蟲子似地將它揪出來，如果姑息，那就是害了他，彼此的關係也不會改善。

不過，捉蟲子也要有技巧，像小蟲子跑進耳朵時，只要用燈照一照，蟲子就會自己跑出來，如果硬去摳耳朵，蟲子反而會越跑越裡面。相同的道理，捉別人腦袋裡的蟲子也是如此，可別硬「摳」，要想個比較有創意的方法，讓他腦袋裡的蟲子自己跑出來，硬來是絕對行不通的。

下面的故事正是個好例子。

徐錫麟先生是個出色的文學家、教育家，最後在辛亥革命中轟轟烈烈地爲國捐軀。早年，徐錫麟在紹興中學堂擔任相當於現在副校長一職的工作時，發現有個家境還不錯的學生偷了東西，於是便將這個學生叫到辦公室來，問他：「你知道不知道我爲什麼叫你來辦公室？」

這學生吊兒郎當地回答：「不知道。」

「我要告訴你一個好消息，我抓到了一個小偷了。」徐錫麟平靜地說。學生一聽嚇了一跳，隨即故作鎮定地說：「喔！小偷在哪裡啊？」

徐錫麟遞給他一面鏡子，很嚴肅地說：「你看看，小偷就在鏡子裡。你仔細地看看他吧！看看他的外貌，再看看他的靈魂。」

聽到這段話，這名學生羞愧得抬不起頭來，從此痛改前非。就這樣，徐錫麟巧妙地拯救了一個正要墮落的靈魂。

在上述的例子中，若是徐錫麟用責罵的方式對待學生，說不定會激起該名學生的叛逆性，導致那學生的行爲不但沒有改善，反而越來越糟，但徐錫麟懂得這個道理，因此改採勸說的方式，讓該名學生自我省悟。

當我們發現他人對自己有錯誤觀念、有成見時，應想辦法改變他人的觀點，只是這時若是硬要扭轉對方的看法，可能不但無法揪出他錯誤的觀念，還讓他逐漸加深成見，那反而造成反效果了。

學會用感性戰勝理性

在人際交往或説話之時，感性比理性更重要，用動情的話打動對方的心，往往比高談闊論更能收到意外的效果。

有一位美國少年站在地鐵的月台上，不小心摔到了鐵軌上面，那時剛好有一輛電車迎面飛馳而來，雖然他在驚慌中萬幸地保全了性命，但是身體卻受了重傷，失去了一對手腕。

於是，這個少年向地鐵公司提出控訴，要求賠償鉅額醫療費用和失去謀生能力所衍生的損失，但是不論是地方法院的審判還是高等法院的審判，陪審團和法官都認爲這不是地下鐵路公司的過失，完全是少年自己造成的。

因此，在訴訟過程中，這個少年每天心情沉重，過著鬱鬱寡歡的日子。

終於到了最後判決的日子，經過最後一場辯論後，最高法院竟宣判少年反敗為勝，而且全體陪審員也一致贊同少年勝訴，應該獲得鉅額理賠。

這完全是少年的辯護律師的功勞，在當天的最後辯論中，他深知「當理性無法戰勝時，只有訴諸感性」的道理，充滿感情地對陪審團說了這麼一句話：「昨天，我看到少年用餐時，直接用舌頭去舔盤子裡的食物，使我難過得不禁掉下了眼淚。」

這句話使陪審團的態度峰迴路轉，最後做出有利於少年的有利判決。

因為，人類畢竟是由感情操縱的動物，即使有千百個理由，也比不上一個令人感動的事實。

這個例子說明了，許多表面上看起來是理性的意見或判決，事實上往往是依賴人的感情和五官的感覺來做判斷的；同時也說明，當理性無法改變事實時，訴諸感情或感覺可以突破難關，更能誘導反對者變成贊成者，這是潛在心理學的突破點。

許多平常堅持以理性行事的人，感性更是他們的罩門，因為對於會隨著心情變化的情緒，他們更有著柔弱的一面。

這種人物的典型例子，在日本作家菊池寬的名著《考杉法官的立場》中，有淋漓盡致的描寫。

這本書主要描寫考杉法官是一個非常有名的人道主義者，平時在審案判決時，總是同情罪犯，判刑判得很輕，而且判決過程總是反覆推敲、優柔寡斷，直到有一天夜裡，他自己家遭到強盜襲擊，體驗到強烈的恐懼感，從此以後，他就變成了罪犯聞之色變的剋星了，每次審判時，總是給予罪犯最嚴厲的處罰。

上述的兩個例子，都提醒我們在人際交往或說話之時，感性比理性更重要，要懂得掌握人性潛在的弱點。用動情的話打動對方的心，往往比高談闊論更能收到意外的效果。

過度指責，溝通容易遭受挫折

尖銳的批評和攻擊，所得的效果必定是零，因為你想指責或糾正的對象會為自己辯解，甚至反過來攻擊你。

英國作家吉普林曾說：「語言，是人類所使用的最有效的藥方。」

確實如此，無論遭遇的情況多麼糟糕，只要妥善運用語言的力量，就一定會出現驚人的「療效」。

在互動頻繁且情勢變化快速的現代社會，人際關係就像一把雙面刃，必須學會說話做事的各項技巧，確實運用於每個需要溝通的場合，讓身邊的同事、上司、下屬或是交涉的對象都成爲最好的助力，而非最大的阻力。

有的人只相信自己，不相信別人，讓人避而遠之；有的人總喜歡嚴厲地責備他人，使對方產生怨恨，不知不覺讓溝通難以進行，事情也辦得一團糟。

這兩種待人處世的方式都不理想，因為只有不夠聰明、不懂溝通的人，才動輒批評、指責和抱怨別人。

不妨檢討一下自己，是不是也有喜歡責備別人的毛病？

若身為公司主管，分配下去的某件工作沒有做好，我們很可能不是積極地去尋找原因，研究對策，而是指責下屬：「你怎麼搞的？怎麼這麼笨？」

這種時候，下屬會有什麼反應？

他可能什麼也不說，但在內心會覺得你不近人情，從而導致怨恨產生。不快情緒日積月累，必會大大阻礙彼此的正向溝通互動。

有一則笑話是這樣說的：

這天，丈夫回到家，發現屋裡亂七八糟，到處是亂扔的玩具和衣服，廚房裡堆滿碗碟，桌上都是灰塵。

他覺得很奇怪，就問妻子：「發生什麼事了？」

妻子沒好氣地回答：「平日你一回到家，就皺著眉頭對我說：『這一整天妳都幹什麼了？』所以今天我就什麼都沒做。」

好指責就如同愛發誓，實在不是一種好習慣，會在傷害別人同時傷害自己，讓彼此都不好過。

接下來，讓我們看一些實際的例證：

一八六三年七月，蓋茨堡戰役展開。

眼見敵方陷入了絕境，林肯下令要米地將軍立刻出擊。但米地將軍遲疑不決，用盡各種藉口拒絕，結果讓敵軍順利逃跑了。林肯聞訊勃然大怒，立刻寫了一封信給米地將軍，以非常強烈的措辭表達了自己的極端不滿。

但出乎他人想像的是，這封信並沒有寄出去，林肯死後，人們在一堆文件中發現了這封信。

林肯爲什麼不將信寄出？

這是相當值得深思的問題。

也許林肯設身處地設想了米地將軍抗命的原因，也許他預想了米地將軍見到信後可能產生的反應，可能會憤怒地爲自己辯解，也可能會在氣憤之下乾脆離開軍隊；無論哪一種，都對大局無益。

木已成舟，把信寄出，除了使自己一時痛快以外，還有什麼好處呢？答案是顯而易見的。

不要指責他人，並不代表放棄必要的批評，而是要要抱著尊重他人的態度，以對方能夠接受的方式表達意見。

有一家工廠的老闆，一天巡視廠區，正巧看到幾個工人躲在庫房吸煙。

庫房是全面禁煙的，但這位老闆沒有馬上怒氣沖沖地責備工人說：「你們難道不認識字，沒有看見禁止吸煙的牌子嗎？」而是稍冷靜了一下，接著掏出自己的煙盒，拿出煙給工人們說：「試試這個牌子的煙吧！如果你們能到屋子外去抽，我會非常感謝的。」

工人們一聽全都感到相當不好意思，紛紛掐滅了手中的煙。

我們喜歡責備他人，常常是爲了表現自己的高明，有時也帶有推卸責任的目的。這都是不對的，想要讓對方順從自己，就要謙虛一些，嚴格要求自己一些，這只有好處，絕無壞處。

想責備別人的不是之前，請閉上嘴，對自己說：「看，壞毛病又來了！」這麼一個小動作，將可以幫助你逐漸改掉喜歡責備人的壞習慣。

尖銳的批評和攻擊，所得的效果必定是零，因爲你想指責或糾正的對象會爲自己辯解，甚至反過來攻擊你。

過往的成功溝通經驗告訴我們：學會寬容和尊重，才能更和睦地與人相處，與人共享生活的點滴樂趣。

言語溫和勝過尖銳指責

人際相處，不可避免會有一些不愉快的事情發生，面對這種情況，要少些批評、多些理解，讓自己的溝通能力更上一層樓。

擅長操縱人心的人，必定懂得發揮語言的威力，讓自己無往不利。我們不難見到，無論是政界、商場、學界，或是其他領域，最受人歡迎的，永遠都是善於運用言語力量的佼佼者。

懂得語言藝術的人，知道巧妙引導別人接受自己的想法，順利達成目的。相反的，不懂得語言藝術，就只能眼睜睜看著自己陷入人際困境，寸步難行。

每個人都有失誤的時候，因此不可過度苛求。

不得不批評他人的時候，應講究說話的技巧，不能用譏諷、挖苦的態度應對，傷害對方的自尊心。

以平和、溫和的態度去面對你的批評對象，剔除感情成分，將表情、態度、聲調加入到客觀的批評話語中，會產生較積極的效果。

對方有了缺點或犯下錯誤，如果一味橫加批評、講刺傷別人的話，或苛刻數落，例如：「你辦得怎麼這麼糟？」「做事爲什麼這樣不細心？你這樣對得起我嗎？」等等，絕對不妥當。

絕大多數情況下，當一個人做錯事，內心會展開反省，覺得抱歉、恐慌、不知所措，此時如果再加以嚴厲批評指責，他極可能會因此感到羞愧難過，甚至從此一蹶不振，無法再樹立自信。

因此，不妨換一種語氣，以取得較好的效果。

你可以這麼說：「以後做事，自己可要多加注意了。」或者：「我想，下次你一定不會再犯類似的錯誤。」

如此一來，對方不僅會感激你對他的信任，同時會感受到你付出的真誠，更重要的是有了改正錯誤的信心。懷著正向心態，在今後的工作、生活中，必能更加小心謹慎，不再犯同樣的錯誤，並且提醒自己留心以前不曾注意到的缺點、毛病，適時修正。

美國空軍有一位著名的飛行員，經常參加飛行表演。有一次，他在聖地牙哥舉行表演後，返回洛杉磯駐地途中，飛機引擎突然熄火。雖然他憑著熟練的技術成功迫降，保住了性命，但飛機本身因此遭到嚴重損壞。檢查結果，發現是燃料添加上出了問題。

回到機場後，他立刻找上了為座機服務的機械師。

對方是個年輕人，正為因疏忽犯下的過失感到苦惱，深深自責，因為自己不僅毀了一架造價非常昂貴的戰機，更差點使機上三人送了命。

但是，出乎意料的事情發生了——飛行員沒有怒氣衝衝地批評、指責這位機械師的失誤，而是上前摟著他的肩膀說：「為了表明我堅信你不會再這樣做，希望你以後繼續為我提供優質服務，如何？」

後來，這位機械師不但沒有再犯錯誤，而且表現得更加出色。

試想，如果當時飛行員劈頭蓋臉就給這位機械師一頓諷刺打擊，或是嚴厲的批評，不僅會大大地傷害對方的自尊心，還會使他變得更沮喪、自卑、畏首畏尾，甚至放棄本來可以做得很好的工作，也放棄了整個人生。

人際相處，不可避免會有一些不愉快的事情發生，面對這種情況，要慎用辭令，巧於交際，少些批評、多些理解，如此才能讓自己的溝通能力更上一層樓，更受人歡迎。

攻「心」才能收得真正效益

適時加以讚美，可在行銷、溝通過程中助你一臂之力。語言要把握得恰到好處，力求生動活潑、貼切實際。

人人都說商場如戰場，如何在品牌眾多的商場上，把你的產品成功地推銷出去，說服顧客，使他們心悅誠服地購買呢？

語言溝通絕對是最重要的。在商場上，只有夠漂亮、能夠打動顧客心靈的語言，才是金玉良言。

使顧客由「不買」變爲「想買」，可參考以下幾種方法：

●巧設疑問

若顧客看了你的商品，轉身就走，便說明了他根本沒有購買的意圖。這個時候，你再繼續講述該商品有多好多優秀都無異於徒勞，因爲對方根本聽不進去。

但是，你若能巧妙地換一種辦法，使顧客抱著好奇心態停下來，傾聽你的講解，就有可能改變顧客的意圖，化「不買」爲「買」，抓住寶貴商機。

如何激發好奇心呢？

很簡單，就是在適當的時候把疑問留給顧客。

•投其所好

顧客拒絕你推銷的商品時，可能會說出不買的原因。

你可以抓住這個機會與他溝通，根據回答找出不滿意的原因，以及顧客眞正的需要，投其所好，對症下藥。

但是，投顧客所好也要掌握分寸，一定要一針見血，一句話就說到對方心裡去，激發他的興趣。

顧客若有自卑心理，可以透過讚美消除，給他信心；顧客若是悶悶不樂、憂心忡忡，可以運用語言藝術說出更漂亮、幽默的話，改變當時的談話氣氛；顧客若不明事理、無理取鬧，不妨順水推舟，製造反差，使他意識到自身的錯誤，從而心悅誠服地接受你的意見。

想要順利與顧客展開溝通，必須先掌握顧客的心理，清楚他們在什麼樣的情況下需要什麼、想什麼，從而做成交易。

•真誠相待

有些時候，顧客只是抱著隨意逛逛的心態，走進你的商店挑了半天，弄得亂七八糟，最後一件也不買。

這時候，身爲老闆的你可能會相當生氣，該如何應對才好？

當著顧客的面說出自己的不滿，結果當然不言而喻。假若換一種心境面對，效果可能就大相徑庭了。

你應當將不滿的心情隱藏起來，耐心等待顧客挑選，並且笑臉相對。如此情況下，他極有可能會因爲你的熱情誠懇而感動，心甘情願地買走某一樣商品。

某回，一個旅遊團走進了一家糖果店，參觀一番後，正打算離開時，服務員端上一盤精美的糖果到他們面前，柔聲地說：「各位好，這是我們剛進的新品，清香可口，甜而不膩，免費請大家品嚐，請不要客氣。」

盛情難卻，遊客們恭敬不如從命，但既然免費嚐了人家的糖果，不買點什麼實在過意不去，於是每人多多少少都買了幾包，在服務員歡喜的「歡迎再來」的送別聲中離去。

是什麼轉變了遊客的態度，從「不買」變成「買」呢？

自然是服務員耐心眞誠的態度。

•合理讚美

做生意時，不免要面對「大權在握」的客戶，這時不妨給予合理讚美，讓對方感到得意，同時做出一些讓人痛快的決定，以更彰顯他的「權力」。

來看看下面這個例子：

在一次偶然的機會下，李華結識了一位女士，對李華經手出售的豪宅很感興趣，但對價錢卻沒有表態，留下一張名片便離開了。

李華看過名片，不由一怔，原來她是一家知名公司的副總經理。那位「女士」看起來貌不驚人，卻頂著「副總經理」的頭銜，李華認為，以她的經濟實力，絕對可以買下自己經手的這棟豪宅。

次日，李華打電話去向那位女士「行銷」，但對方只說了句：「太貴了，如果能便宜一點再說。」

事實上這是好事情，表示她對房子本身相當滿意，只是在價格上還有些問題。於是，李華要求直接與對方面談。

一走進那位女士的辦公室，李華便被眼前豪華氣派的佈置驚呆了。中間一張大辦公桌，右邊一套高級沙發，左邊還有一張大型會議桌，七、八位職員正在進行「小組討論」。

李華想也沒想，脫口而出：「您手下有這麼多人啊！」

那位女士笑著說道：「是呀！這些都是我的中階主管。」

「哇！他們都是主管，下面豈不是還有更多人？」

見對方點了點頭，李華禁不住讚美道：「我見過很多男主管，但女主管有這麼大排場的，還是第一次看到。您的權力想必很大吧！如果不是自身夠能幹、有才華，絕對不可能辦到的。」

聽見如此恭維，那位女士自豪地說：「這只是一小部分。」

李華故作吃驚狀，高聲說：「太驚人了，那您做事一定很痛快、乾脆，很有大將風範。」

聽完李華的讚美，那位女士心花怒放，非但笑得合不攏嘴，還連連點頭說：「這棟房子我要了，不用等我丈夫來看，我決定就可以。就這樣說定吧！我們明天就簽約。」

就這樣，李華做成了一筆大生意。

適時加以讚美，可在行銷、溝通過程中助你一臂之力。但切記一點：讚美是一門藝術，語言要把握得恰到好處，力求生動活潑、貼切實際。若是漫無邊際、不假思索，讓聽者明顯感覺你在拍馬屁，只會收到反效果。

說話的魅力決定交際是否順利

展現良好風度、良好態度，就是展現說話魅力與建立自我形象的保證。要努力做到這些，才能成為一個成功的說話者。

一個人是否具有說話的魅力，會直接影響到他是否對對方具有吸引力，也關係到他是否具有良好的人際關係，同時，還影響到他能否在與別人說話時表現出自信。

所以，訓練自己的社交能力時，一定要增強自己說話的魅力。

構成說話魅力的因素是十分廣泛的。每個人說話的內容、說話時的遣詞用句、構篇佈局的材料、手段，說話的語氣、語調，說話的姿態、手勢、表情……等等，都可以決定他是否具有說話的魅力。

以下，我們先談談說話的風度。

德國戲劇家萊辛說：「風度是美的特殊再現形式。」

所謂風度，是指美好的舉止、姿態及表情等，說話的風度，則是指透過言語表現出一個人的內在氣質，是一個人涵養的外化。

使自己具有說話的風度，是增強自己說話魅力的重要途徑，因爲良好的說話風度往往具有強大的吸引力。無論是男士談話中剛毅穩健的氣質，還是女子談話中風姿綽約的魅力；不論是外交官彬彬有禮的談吐，還是政治家穩重雄健的言論，都會令人仰慕不已、無比傾心。

風度正是外在語言和內在氣質間的配合。

首先，風度是品格和教養的體現，如果沒有一定的文化修養、沒有優雅的個性情趣，說話內容必然是低俗不雅。

其次，風度是性格特徵的表現，例如性格溫柔寬容、沉靜多思的人，往往是輕聲細語，而粗獷豪邁、性情耿直的人，通常說話是開門見山、直來直往。

此外，風度也是一個人涵養的表現，主要表現在處理人際關係時，展現不卑不

六、雍容大度的風範。

最後，風度是一個人說話時的選詞造句、語氣腔調、手勢表情……等等的綜合表現，如法官在法庭說話時，多是正襟危坐、不苟言笑、咬文嚼字。

說話的風度是各式各樣、豐富多姿的，洋洋灑灑、侃侃而談是風度；隻言片語、一針見血是風度；談笑風生、神采飛揚是風度；溫文爾雅、含而不露是風度；話題飛轉、應對如流是風度；輕聲細語、彬彬有禮是風度；慷慨陳詞、英氣豪邁也是風度。

所以，每個人在培養自己的說話風度時，應根據自己的性格特徵、興趣愛好、思維能力、知識涵養等加以選擇。

另外，同樣一個人，在不同場合、不同環境下，說話的風度也會有所不同，例如領導者在公司分配協調工作，與在家裡跟家人閒聊時，表現的風度必然相差甚遠。

在日常的談話、判斷或演講中，我們可能會遇到這種情況，同樣的話，這個人說我們就很願意接受，但換成另一個人說時，我們不但不願接受，而且還會產生反感，爲何會出現這兩種截然不同的結果呢？

這其實牽涉到一個人說話的態度，而說話態度又是說話者風度的直接展現。

我們說話的目的，當然是爲了把自己的意思告訴他人，讓對方明白、瞭解、信服或同情我們。如果說了話，對方沒什麼反應，甚至不相信或產生反感，這就沒有意義了，說了還不如不說。

那麼，怎樣才能訓練出能使人信服的口才呢？

這就要求說話者既要瞭解自己又要瞭解對方，並努力從談話中培養出相互瞭解的氣氛，進而讓對方認同自己所說的話。

事實上，在談話過程中，無論說什麼都無關緊要，最重要的是態度。

如果態度良好，大家都願意談，但是，如果態度不好，那就算是再好的話題雙方也無法順利進行下去。

那麼，究竟怎樣才是良好的說話態度呢？那就是要對人有正確的瞭解和充分的同情，這兩點是良好說話態度的基礎；然而，如何把本身的瞭解與同情讓對方感受到呢？這正是良好說話態度的關鍵之處。

如果不注意，那麼即使你是很有同情心的人，若不能讓對方感覺到這一點，那也會被他人認爲是冷漠、驕傲、自私的。這正如你很關心自己的朋友，但朋友卻渾然不知，結果反而會受到朋友的誤解和埋怨一樣，這種情況是一種很普遍的現象，而且很令人難過。

因此，要注意一下在別人的心目中，自己究竟是什麼樣子，並要了解對方究竟希望自己怎樣表現，才能感受到你對他的理解與同情。

那麼，在日常生活中，或是與一般朋友的交際場合中，交談的對象會希望我們有怎樣的具體表現呢？

首先，別人希望我們對他的態度是友好的，希望我們願意和他做朋友；別人希望我們能體諒他的困難，原諒他的過失；別人還希望我們能夠適時關心他們，能幫助他們，能思考他們的問題，並且對他們提供有用的建議，與他們成爲友好的、忠實的、熱心的朋友。

其次，別人希望我們對他本人和他所做、所講的事情感興趣。每個人都有這個希

望，包括我們自己也是，因此，我們最好能做對什麼都感興趣的人。

也許，你容易被有興趣的人物、有興趣的話題吸引，卻忽略不太吸引人的人物，可是，如果想當一個成功的說話者就不該如此，應該要學會顧及全體，並且特別照顧那些不被人注意的人。

談話時，要顧及在場所有的人，雙眼要隨時在每個人的臉上停留片刻，對於那些不太講話、看似不太自在的人，要特別關注、要設法找些話題與他們交談，以便解除他緊張不安的心情。

在說話時展現良好風度、良好的態度，就是展現說話魅力與建立自我形象的保證。要努力做到這些，才能成爲一個成功的說話者，也才能使對方了解、信服你所說的話，讓互動更加順利。

學會利益均沾，做成大買賣

真正的成功者不僅僅靠財力取勝，更要透過高明的溝通交際手腕，運用語言的藝術，轉變對方的立場，從而獲得豐厚利潤。

成功的交際需要有效溝通作爲基礎，若沒有好的溝通技巧爲交際做準備，再遠大的目標也只是空談。

鋼鐵大王安德魯．卡內基之所以取得成功，就是因爲他不僅領略到這一點，更將此引申到爲人處事上，於商場發揮得淋漓盡致。

身處瞬息萬變的商場，該如何做好交際呢？不妨參考以下三點：

•良好的心理素質

商場交際過程中，難免會碰上一些令人感到尷尬、氣憤、興奮的事情，這時保持良好的心理素質就顯得極爲重要，因爲這可以直接體現出你的涵養、氣魄、度量，拉高印象分數，促成即將進行的交易。

●不要擺架子

不管權勢有多大、地位有多高，人與人都是平等的。擺出高高在上的樣子，無非爲自己的交際溝通設下無謂障礙。

●投之以桃，報之以李

只知道一味地獲取，也是在商場交際中的一大禁忌。切記，一定要先權衡雙方的利益關係，才能讓交際溝通發揮最好效果。要更進一步明白這個道理，讓我們再以鋼鐵大王安德魯．卡內基的成功經驗爲例。

在美國鋼鐵業界，安德魯．卡內基爲什麼能有如此輝煌的成就？答案可能相當出人意料，並不是他對鋼鐵的製造過程懂得多，事實上，他手下的好幾百人，對鋼鐵都堪稱爲行家。他的過人之處，在於知道如何運用交際溝通、運用人才，鞏固人際關係，達成目標，這才是賴以獲致成功的最主要原因。

有一回，卡內基想要把鐵軌賣給賓夕法尼亞鐵路公司，便暗中進行情報蒐集，知道該公司當時的董事長是艾格．湯姆森後，便馬上做出決定：在匹茲堡建立一座巨大的鋼鐵廠，取名爲「艾格．湯姆森鋼鐵廠」。

試想，當賓夕法尼亞鐵路公司需要鐵軌的時候，董事長艾格．湯姆森會向誰購買？毫無疑問，當然選擇卡內基的公司。

關於卡內基的溝通智慧，還有另一則事例。

當時，他所控制的中央交通公司和普爾曼控制的另一家公司，為取得太平洋聯合鐵路公司的生意而明爭暗鬥。為了拿下工程合約，雙方大打價格戰，幾乎已到了毫無利潤可言的地步。

一天晚上，卡內基和普爾曼同時前往太平洋聯合鐵路公司，準備和董事會開會。兩人碰面後，卡內基說：「晚安，普爾曼先生。您說，我們難道不是在出自己的洋相嗎？」

普爾曼感到相當疑惑，問道：「這句話怎麼講？」

於是，卡內基開始陳述起雙方惡性競爭的壞處，接著說出自己想要合併兩家公司的計劃，並把合作、互不競爭能夠得到的利益說得鉅細靡遺。

普爾曼聽得十分專注，沒有馬上表態，最後他問：「若是合併了，這個新公司叫什麼名字？」

卡內基立即回答：「當然叫普爾曼公司。」

普爾曼頓時對他的計劃產生了興趣，臉色一亮，說道：「這相當有意思，讓我們來進一步討論吧！」

毫無疑問，因爲有出色的溝通技巧搭起橋樑，這項計劃獲得了極大的成功，在工業史上將留下了輝煌的一頁。由此，可以看出卡內基與人交際的高超之處，可以在關鍵時刻主動與人溝通，將劣勢轉變爲優勢。

商業往來中，眞正的成功者，不僅僅靠財力取勝，更要透過高明的溝通交際手腕，運用語言的藝術，轉變對方的立場，從而獲得豐厚利潤。

PART 3

先讚美，然後再責備

先表示讚揚，用讚美的話語當中和劑，

令對方反駁不是，發怒也不是，

再有理有據地批評，

更能令人心悅誠服地接受。

喚起同理心，說服最有力

說服別人之前，要先讓他進入相同的情境當中，對問題感到關切，產生切身之痛。

古羅馬思想家馬可．奧勒留曾說：「很多時候，只懂說話藝術的人，不見得比能看穿人心的人更具說服能力，更受到對方青睞。」

想要進行有效的交談，就必須先洞悉對方心裡正在想什麼，然後順著對方的心理說出最精確的話語。能不能看穿對方的心思，往往就是交涉溝通能否順利成功的最重要關鍵。

「如果你是我，你會怎麼做？」

採用這種說法，正是說服技術的第一步。

這是一種利用「角色扮演」方式，讓對方產生互換地位、模擬立場感覺的技巧，藉此提高達到說服目的的可能性。

美國著名的人際關係專家吉普遜先生，有位好友官拜陸軍上將，他認爲這位好友之所以能有此成就，完全得力於具備超人一等的說服技巧。

「我的朋友從小就憧憬軍旅生涯，希望能成為一代名將。高中畢業後，適逢一九二九年美國經濟大恐慌，人人被生活逼得走投無路，有志青年都一窩蜂地擠入免學費的西點軍校，有辦法的人，到處託人關說，把有限的名額全佔據了。我的朋友是個毫無背景的升斗小民，一點辦法也沒有，於是他四處打躬作揖，鼓起勇氣拜訪幾名地方上有頭有臉的人物。」

「他對他們這麼說：『先生，我是個優秀的青年，身體強健，有愛國情操，滿心想進入西點軍校報效國家，可是卻毫無辦法。如果您的子弟和我有相同的處境，請問你會怎麼辦呢？』」

「出人意料之外，這些有頭有臉的人物，經他這麼一說，十之八九都熱心地幫忙寫了推薦書，有的人更積極為他奔走，拜託國會議員，終於突破層層難關，讓他成為西點軍校的學生。」

人對於自己的事，總是懷著極大的興趣和關注力。這位年輕人若不以「如果您的子弟和我有相同的處境」作爲攻心戰術，這些地方上的有力人士，會願意幫他寫推薦書嗎？

非但不會，恐怕還會嗤之以鼻，不屑一顧吧！

正是憑藉著喚起「同理心」，這名青年爲自己爭取到難得的機會。

說服別人之前，要先讓他進入與自己相同的情境當中，從而對問題感到關切，產生切身之痛。在回答「如果你是我……」的問題時，人通常都會不自覺地把自己投影在該問題的中心，因此，答案自然會爲我們提供一個比較客觀的解決方法，這是最起碼的收穫。

請聽下面三句話，那一句較易爲你接受？

一、快去做功課！

二、你該去做習題了！

三、來，我們去做習題吧！

一般人往往最喜歡第三句的語氣，認爲第一句是最討人厭的說法。道理何在？正因爲斥責性太強，命令味太重。

第二種是禮貌性的說法，唯有第三種眞正做到「拿人心比己心」，使人備感親切，進而產生附和、贊成的認同感。這種語氣，能成功使說與聽兩者牢牢結爲一體，減少反抗的意識，縮短自己與對方的距離。

事實上，下達命令的老師、父母親，仍然是局外人，功課仍然必須由你自己完成，但是表現出來的態度和氣氛，卻不會令對方有置身在局外的感覺，自然而然能將抗拒心理降到最低。

以這種語氣對人說話，具有很強的說服性，能收到相當好的效果。

多一點激勵，就多一點效益

多一分激勵，就多一分效益，別吝嗇你的那份言語陽光，應該讓它普照周圍的每一個人，讓它照進他們的心坎裡！

很多人都有這樣的困擾，當朋友遇到不順心的事，感到心灰意冷的時候，說什麼樣的話，才能達到最佳效果？

在生活中，少一分指責，多一點嘉許，不僅令事情做起來得心應手，也能給予對方愉悅的心情，何樂而不為呢？

許多年以前，有一個十歲的小男孩在工廠裡工作。他一直喜歡唱歌，夢想當一個歌星，但他的第一位老師非但沒有給他鼓勵，反而使他洩氣。他說：「你不適合唱歌，根本五音不全，唱出來的聲音就像風在吹百葉窗一樣。」

但是，男孩的母親，一位窮苦的農婦卻對這樣的批評不以為然，她摟著自己的孩子，激勵他說：「孩子，你能唱歌，你一定能把歌唱好。瞧！你現在已經有了很大的進步。」

這位母親的鼓舞，給了孩子無窮的力量，徹底改變了他的一生。他的名字叫恩瑞哥·卡羅素，那個時代最偉大、最知名的歌劇家。

假若在這個小男孩的童年，沒有母親的激勵與稱許，只有那位老師的無情打擊，毫無疑問，這個世界會少一位著名的歌劇家。

減少批評，多多激勵，人的良好行爲會增加，那些比較不好的行爲則會因爲受忽視而逐漸萎縮。

我們不應當老是從自己的角度看事情，也不該懷著私心，只是因爲對事物不感興趣，就對他人的行爲採取貶低或批評。

沒有愛迪生的母親對兒子孵小雞行爲的肯定與讚許，也許人類要晚好幾十年才有電燈；英國作家韋斯特若沒有得到老校長的激勵，可能就沒有日後的無數本暢銷書，英國文學史將缺失不可彌補的一頁。

那一句微不足道的激勵，給了那些需要動力的人無窮的力量，給了那些身處逆境的人奮鬥的信心！誰又能小看它呢？

在《孩子，我並不完美，這只是真實的我》這本書裡，著名心理學家傑絲・雷耳評論道：「激勵對溫暖人類的靈魂而言，就像陽光，沒有它，我們無法成長開花。但是大多數的人，只是敏於躲避別人的冷言冷語，卻吝於把激勵的溫暖陽光給予別人。」

多一分激勵，就多一分效益，別吝嗇你的那份言語陽光，應該讓它普照周圍的每一個人，讓它照進他們的心坎裡！

先讚美，然後再責備

先表示讚揚，用讚美的話語當中和劑，令對方反駁不是，發怒也不是，再有理有據地批評，更能令人心悅誠服地接受。

想要進行有效的溝通或交談，就必須先掌握人性的弱點，然後順著對方的心理說出最精確的話語。

與其毫不遮掩地指出對方的缺失、謬誤，或用直來直往的方式表達自己的意思，倒不如用裝飾性的話語當調節劑，再提出自己的意見，讓對方產生共鳴，最後心悅誠服地接受。

一般情況下，批評指責都讓人難以接受。如果在展開批評前適當地加入一些讚美，則會收到意想不到的效果。

•先讚美，後將軍

A國援建B國一大型工程，與建過程中卻遇到了停電的困擾，難以如期完工。工程隊負責人找到B國電力委員會經理，誰知對方百般推搪。碰釘子後，A國負責人決定智取。

他先設宴款待這位經理，不斷以外交辭令誇讚對方「很有才幹」，感謝他對雙方的支援與合作「卓有成效」。

正當對方喜不自禁時，他話鋒一轉，以調侃的語調說：「我們如果不能按期完工，固然要負起責任，您作為這個項目的總負責人，也免不了受到負面影響。上頭要是追究下來，您恐怕……」

此言在軟硬夾攻中點明要害，立即引起了對方的重視。這位經理只得笑道：「不會延期的，絕對不會。」

隔日，工地的供電順利恢復。

工程隊負責人藉以打動對方的，正是「先讚美，後將軍」的套路，由此充分顯示

出話語的分量來。

●適度的讚美

歐美一些企業家主張使用「三明治」批評法，即在批評別人前，先找出對方的長處，讚美一番。同時，也要力圖使談話在友好的氣氛中結束，批評後同樣要再使用一些讚揚詞語。

這種兩頭讚揚、中間批評的方式，很像夾著餡料的三明治。用這種方式處理問題，對方可能不會那麼難爲情，可以減少對方被激怒所引起的衝突。

這種方法在很多情況下都很有效，主要優點在於批評者提到了對方的長處，無形之間產生替對方迴護的作用。

也許被批評方的能力、爲人、工作是否努力等方面，有很多可以肯定的地方，批評者如果視而不見，很可能會給人不公平的感覺，認爲自己多方面的成績或長期的努力，沒有得到應有的重視。

批評者首先讚揚對方，就能夠避免這種誤會，使他知道批評是對事而不是對人，自然會放棄用辯解甚至爭執來維護自尊心的做法。

試想一下吧！先聽到別人對我們的某些長處表示讚賞，然後再聽到他的批評，心裡往往會好受得多，不是嗎？

麥金尼在一八九六年競選美國總統時，就曾採用過這種方法。

那時，共和黨內有一位重要人物，替麥金尼寫了一篇競選演說稿，並自以為寫得高明，便大聲地念給麥金尼聽，語調鏗鏘，聲情並茂。

然而，麥金尼聽後，卻覺得有些觀點很不妥當，可能會引起批評風暴。很顯然，這篇演講稿不能用。

他沒有直接拒絕，而是這樣說：「我的朋友，這是篇精彩有力的演說，我聽了很興奮。在許多場合中，這些話都是完全正確的。不過，用在目前這種特殊場合，是不是也同樣合適呢？我不能不以黨的觀點考慮它將帶來的影響。請你根據我的提示，另外再寫一篇演說稿，然後給我一份副本吧！怎麼樣？」

那位重要人物沒有二話，立刻照辦。

指出別人的缺點，可能會與對方意思相違而造成傷害，也可能會因對方態度的蠻橫而傷及自己，這時，就需要用讚美的話語當中和劑，令聽者反駁不是，發怒也不是，再提出有理有據的批評，令他心悅誠服地接受。

一位部門科長一大早見到他的秘書，誇她：「妳昨天擬的那份報告很好，我很喜歡。」

女秘書聽了，受寵若驚。只聽科長又不急不徐地接著說：「如果能再注意一下錯別字，一定能夠更好。」

用讚美中和批評，就像在很苦的藥丸外面裹上糖衣，先讓人感到甜，容易一下子吞到肚裡。等藥物進入腸胃，藥性再發生作用。病人既不會感到藥苦，難以下嚥，又能把病給治好。

良藥未必苦口，批評也要講究方法。

不顧時間、地點、對方心理，直接了當、劈頭蓋臉就是一陣冷言惡語，不僅達不到批評目的，還會適得其反。

和風細雨地指出錯誤和缺點，你的批評才能產生良性效果。

適度讚美，可以為人際交往「開胃」

適度讚美，可以為人際交往「開胃」，如果反覆濫用或過度讚美，就會顯得肉麻而令人起疑，如果言不由衷，更會收到相反的效果。

讚美是對人的一種肯定，這種話人人都愛聽。

讚美適當，最能取悅人心。對別人說這樣的話，只要恰如其分，對方一定感到高興，對你的好感也會增加。

事實上，越是傲慢的人，越喜歡聽讚美話。

有人義正詞嚴地說自己不愛聽讚美的話，只願意接受批評，其實這只是場面話。如果你信以爲眞，毫不客氣地直言批評，即便他表面上沒有表示，內心也一定十分不悅，對於你的好感只會降低，絕不會增加。

讚美的語言，對人際溝通、維繫良好的關係，足以產生重要作用。懂得說讚美話，別人聽了舒服，也不降低你的高度。

讚美，絕對是與人溝通的一門重要功課。

曾在背水一戰中大出鋒頭的韓信，年輕時受過「胯下之辱」。後來，他追隨漢高祖劉邦，屢建奇功，於是有人斷言：「如果漢高祖沒有韓信，根本無法完成統一天下的霸業。」

這樣的話傳到劉邦耳中，讓他對韓信日益強大的力量產生畏懼，於是有意尋找藉口，以企圖謀反的罪名，把韓信除掉。

此時，韓信並不為自己辯護，只是說：「狡兔死，走狗烹；飛鳥盡，良弓藏；敵國破，謀臣亡。結局果然像人家預料的那樣，我韓信除了被烹、被殺，絕無出路了！」

劉邦聽了，心想韓信乃是開國功臣，不能隨便殺掉，便將他的王位貶為侯爵，暫且擱置，以觀後效。

韓信受到如此打擊之後，心懷憂憤，日子過得十分不偷快。

想不到不久之後，久未謀面的兩人又有了一次見面談話的機會。韓信本來臉皮就厚，又善於讚美，便抓住這個機會，適時地將劉邦讚美了一番，產生了很好的效果。話題首先從評論將士開始，但雙方各持不同見解。劉邦便問韓信：「你看，我有統率幾萬大軍的能力？」

韓信答：「陛下最多只能統率十萬左右的大軍。」

劉邦又問：「那麼，你呢？」

韓信一笑：「在下當然是多多益善！」

劉邦也笑著問：「既然如此，你又為什麼被我所用呢？」

這時，韓信開始巧妙地讚美了：「陛下雖然沒有『將兵』的才能，卻具有『將將』的才能。在下之所以被陛下所用，道理正在於此。而且陛下的這種能力是天生的，不是普通人所能具有。」

韓信的讚美，堪稱一絕，劉邦被讚美得樂不可支。他到底如何作答，史書未有記載，但由後來韓信的復出，不難推知一二。

需要注意的是，讚美也要拿捏有度。令人感到刻意的讚美話，不僅會在無意中將彼此的距離拉開，更會讓對方產生防範心理。

適度讚美，可以爲人際交往「開胃」，但要是反覆濫用或過度讚美，就會顯得肉麻而令人起疑，如果言不由衷，更會收到相反的效果，也就是人們常說的「馬屁拍在馬腿上」。

學會適度讚美，可以爲溝通和人際關係鋪就一條良好的通道。

換個角度，對方才會心服口服

人們通常會為自己的謊言尋找各種藉口，想加以戳穿，必須巧妙地指出對方自我矛盾之處，才能說得他口服心服，主動地改正錯誤。

一個人的應變能力，以人生經驗爲基礎，經過多次實踐，必然會變得老練聰明。與此同時，也可以反映出一個人的機智和修養。

在這方面功底深厚的人，才有可能在情況發生變化時化險爲夷，化拙爲巧，使自己擺脫尷尬，在交際中取得良好的效果。

要能夠以變應變，首先要做到以下幾點：

• 無論出現什麼情況，都保持高度的冷靜

假如在一次商務交際中，對方談及價格時，突然揭了你底，說你給某公司的價格很低，給他們的過高，實在是太欺負人了，該怎麼應付？

首先，你必須保持冷靜，情緒過分緊張或者激動都不行。理虧地承認事實（這就意味著在價格上讓步，但信譽免不了受到損失，失去對方的信任），或者憤怒爭辯，拚命否認，很可能當場就不歡而散。

但是如果保持冷靜，便有可能很快找出理由，比如價格低並不保證退換維修，或某一方面沒有運用新材料、新技術，或者在付款形式、供貨期限、品質保險等方面有差異。

無論如何，你總能夠找出合適的理由來挽救局面，使彼此都有繼續商談的機會和可能性。

•巧妙地轉移話題，分散別人的注意力

一旦說錯了話或者做錯了什麼事，除了迅速承認錯誤之外，還要學會巧妙地轉移話題，把別人的注意力吸引到其他方面。

比如用幽默或玩笑的方式轉移目標，把關於人的事扯到某種物上面，把令人緊張的話題變成輕鬆的玩笑。

當然，想要順利進行，需要口才和應變能力的幫助。

此外，在談話中，當對方堅定地表達了一個觀點，如果你不同意，要改變他的觀點時，首先要顧全他的面子。

畢竟，要他轉變立場同意你的意見，就等於要他放棄先前堅持的一切，承認自己的想法是錯誤的、不合適的，這並不容易。

談話精明者知道如何給人面子，使對方不至於因爲出爾反爾而下不了台。

一家百貨公司來了一位顧客，要求退換她買的一件外衣。她已經把衣服帶回家，並且穿過了，只是她丈夫不喜歡，她卻堅持「絕沒穿過」。

售貨員檢查了外衣，發現有不明顯的洗過痕跡，但直接了當地指出，顧客絕不會輕易承認，因為她說了「絕沒穿過」。這樣做，只可能在雙方之間引發一場爭執。

於是，機敏的售貨員說：「您可否想一想，您家裡是否有人誤把這件衣服放進洗衣機洗過了？記得不久前，我也有過同樣的經歷，把一件剛買的衣服和其他衣服一起堆放在沙發上，結果我丈夫沒注意，把它們全塞進了洗衣機裡。我想您應該是遇到了相似的情況，因為這件衣服上，的確有洗過的痕跡。」

顧客想了一下，知道無可辯駁，售貨員又為她的錯誤準備好了藉口，給了她一個台階，於是她順水推舟，乖乖地收起衣服走了。

正因爲售貨員把話說得婉轉，使她不能撕破臉，又不好意思繼續再堅持。一場可能的爭執，就這樣被聰明地避免掉。

人們通常會爲自己的謊言尋找各種藉口，想加以戳穿，必須巧妙地指出對方自我矛盾之處，才能說得他口服心服，主動地改正錯誤。

言語是溝通、交涉的最佳利器，巧妙之處就在於裝飾自己的想法。如果你不懂得掌握人性的弱點，適時把自己的意思滲透進對方的心裡，非但無法達成自己的目的，還會導致自己處處碰壁。

發揮讚美與微笑的魅力

當顧客不接受產品或服務，甚且挑剔抱怨時，只要堅持內心的愛和臉上的微笑，一樣可以化解歧見與煩惱。

有誰喜歡聽別人批評自己？又有誰不喜歡聽別人讚美自己？答案其實再明顯不過，無論表現得多麼豁達大度，事實上，每一個人都不喜歡被批評，卻都喜歡受讚美。

所以，知名的古羅馬政治家西塞羅說過這樣一句話：「我們都會為愛的禮讚而興奮不已。」

千萬別小看了讚美的威力，它不僅能讓人感到愉快，更能激勵他們看到自己身上最好的一面，並且更喜歡你，願意接近你。

所以，絕對不要吝惜眞誠的讚美，而應慷慨地將它們散播給所遇見的每一個人，讓大家都能在茫茫世界中感受一些溫暖，所謂愛的禮贊。

下一次，和陌生人初見面時，不妨馬上加以讚美，無論是對他的行爲、外表，或者擁有物。只要分寸拿捏得宜且方式高明，對方必定會馬上感覺到誠意和友好，願意進一步展開交往聯繫。

初見面時的讚美，該如何進行較恰當？

•不宜太直接，最好不留痕跡

東方民族普遍較含蓄，因此與陌生人相處時，太過直接露骨的讚美很容易被認爲虛情假意，讓人無法相信，甚至因爲肉麻而起反感。

爲了避免弄巧成拙，你可以從與當事人相關的人或物著手。

「這是您的孩子嗎？幾年級了？長得還眞是漂亮啊！」

「這個髮型，搭配身上這件衣服，整體感覺非常適合呢！」

●態度真誠，措辭委婉

讚美一定得出於眞心的欣賞，要有事實依據，並且委婉貼切。越是誇張牽強的語言，越容易弄巧成拙，讓對方感到被愚弄不說，印象更是大打折扣。

唯有出自善意的建議，足以讓人感受到眞心誠意的關懷和讚美。

如果只說「你的髮型不錯」，對方很容易認爲這不過隨口說說，形同敷衍，但若進一步說「瀏海若再稍微短一點，就更有精神了」，如此既間接稱讚了現在的髮型，又提出更好的善意建議，不會讓人覺得只是虛僞的奉承，而是發自內心眞正的重視與關心，效果自然不可同日而語。

●面帶親切微笑

「帶著微笑從事銷售，使我無往而不勝。」一位成功的推銷員曾這樣說。

一點也沒錯！微笑有著無比神奇的魔力，不僅可以使自己的精神得到放鬆，增強自信，更能夠架起心與心的橋樑，讓你和陌生人之間的距離迅速縮短。

俗話說「伸手不打笑臉人」，對人微笑等於告訴別人「我喜歡你，很高興能見到並認識你」，如此善意，誰能拒絕？

推銷就等同在銷售一種服務，服務的人自然必須做到熱情周到，而不能冷若冰霜。微笑，是與人交往時最初的一道陽光，能讓對方體會到友善。

微笑很特別，它不能買、不能求、不能借，只能自然而然發自個人的內心深處。唯有時刻想著與陌生的朋友分享愛、分享歡樂，才能面帶親切自然的微笑，讓所有接觸的人都無法抗拒。

當顧客不接受產品或服務，甚且挑剔抱怨時，只要堅持內心的愛和臉上的微笑，一樣可以化解歧見與煩惱。千萬別忘了一句老話——買賣不成情意在，只要維繫良好關係，還怕以後沒機會嗎？

用真誠的態度和臉上的微笑包裝你的讚美，絕對能讓說出的每一句話都收到更大的實質效益，不妨一試。

學會說「不」的智慧

考慮到可能會給自己帶來某些不方便，就有勇氣說「不」了。學會拒絕，可節省大量的時間，避免不必要的麻煩。

有些人天生害怕說「不」，害怕別人否認自己的能力，害怕傷了別人的面子。卻不知一味地接受，只會讓自己惹上越來越多的麻煩。

一時的尷尬卻可以換來長久的寧靜，爲什麼不說「不」呢？

俄國十月革命前的某一天，植物育種家米丘林正在植物園裡工作。忽然，他的家人跑來說：「市長先生想要見見您。」

米丘林頭也不抬，繼續工作。

家人於是又大聲地重複了一遍剛才的話，米丘林的反應卻是擺擺手。

接近米丘林的人都知道，他是一個非常珍惜時間的人。在他眼裡，一分一秒都非常寶貴。

例如，他常常把工具隨時放在身邊，為的是要用的時候不必到處找，節省時間。他的手杖上有尺寸，為的是散步時也能測量樹木的高矮，一物多用，節省時間。

「您知道，這可是市長……」家人強調說。

「我連一分鐘都不願意白白度過！」說完，米丘林又忙著整理果樹了。

學會拒絕別人，可以節省大量的時間，避免許多不必要的麻煩。

誠然，與人交往和幫助別人非常重要，尤其是主動的幫助，更會受到人們的歡迎。但如果是被某種心理壓力所迫，對一切都點頭答應，便等於屈服於某些動機，例如需要得到別人的接受或讚揚，害怕給別人帶來不快和麻煩，希望別人感恩，有朝一日得到報答等，於人於己，都不見得有好處。

因此，你必須掌握一些巧妙地拒絕別人的求助，又不傷害友誼，並且能獲得理解

和體諒的交往技能。

以下，是幾點拒絕的說話技巧：

●為自己留下轉圜餘地

有些問題一時尚不明朗，需要進一步了解事實眞相，或看看事態的發展及周圍形勢的變化，才能提出主張。「模糊表態」能給自己留下仔細考慮、愼重決策的餘地。要是輕易答應，不僅影響自己的威信和聲譽，也會因此造成人際關係的損失。

比如，對把握性不大的事，可採取彈性的回應，使用「盡力而爲」、「盡最大努力」、「盡可能」等靈活性字眼，留下一定的轉圜餘地。

對於不是自己能獨立解決的問題，應採取隱含前提條件的承諾。

比如，你是一個有影響力的人，你的朋友請你幫忙關說，讓他進入理想中的工作單位，你不妨這樣說：「你首先要通過考試，包括筆試和面試，在這之後，我才能幫你找人。」

這裡用「考試」對承諾的內容做了必要的限制，既展現了自己的誠意，又話語靈活，具有分寸，還暗示了自己的難處，可說一石三鳥。

●留給對方一些希望

要求你解決或答覆問題的人，內心總是寄予著厚望，希望一切都能如願以償，圓滿解決。如果突然遭到生硬的拒絕，由於缺乏必要的心理準備，很可能會因過分失望或悲傷，心理上難以平衡，導致情緒不穩定，產生偏激言行。

這時候，不如不要把話說死，你可以告訴他：「這件事比較棘手，讓我看看再說。」這樣既給自己以後的態度留下了轉圜的餘地，又使對方不至於感到絕望，使情緒趨於穩定。

掌握拒絕的訣竅

準備說「不」字時，主動為對方考慮一下退路或補救措施，使他們不至於一下子跌進失望的深谷。

生活中，常常會出現一些需要拒絕的事，例如當別人期待的幫助完全出於個人利益的考量，或是有人試圖讓你代替他完成分內的工作……只要可能會給自己帶來某些不方便，就要考慮說「不」，否則將因此引來更大的麻煩。

上司要求你晚上加班，但你卻必須照顧生病的孩子；鄰居託你出差時捎帶東西，你卻因行程太滿無暇顧及；朋友求你辦件事，你卻實在無能爲力……這種時候，究竟該怎麼辦？

這種時候，你需要掌握拒絕的技巧，幽默巧妙地說「不」。

‧誘引法

需要否定時，不妨在言語中安排一兩個邏輯前提。不直接說出結論，但邏輯上必然產生否定結論，留給對方自己領悟。這種方法，面對上級時使用，效果比較理想。

戰國時，韓宣王欲重用兩個部下，向一位大臣徵求意見。

這位大臣明知重用二人不妥，但如果直言「不」，可能會冒犯韓王，並且還會讓韓王誤以為自己妒忌賢能，於是，他這樣表達了自己的見解：「魏王曾因重用這兩人，丟過國土，楚王也因重用他們而丟了國土，如果我們也重用這兩人，將來，他們會不會也把我國出賣給外國？」

聽了這話，韓宣王便不得不放棄原有的打算。

‧讓步法

準備說「不」字時，主動爲對方考慮一下退路或補救措施，使他們不至於一下子跌進失望的深谷。

有一次，美國口才與交際學大師卡內基，不得不拒絕一個於情於理都不應拒絕的演講邀請。

他衡量了一下，這樣對邀請者說：「很遺憾，我實在排不出時間了。對了，某某先生講得也很好，說不定他更適合你們。」然後推薦了一個目前有實力解決此問題的同行。如此一來，邀請者多多少少獲得了心理補償，減輕因遭拒絕而產生的不滿和失望。

當我們對對方的要求「心有餘而力不足」時，不妨採用這種方法，它可以充分表達誠意，得到理解。

•曲解法

即故意曲解對方話中的涵義。爲了達到拒絕的目的，不妨裝聾作啞一回。

一次，一位貴婦人邀請義大利著名的小提琴家帕格尼尼到她家裡喝茶，帕格尼尼同意了。當然，貴婦人是醉翁之意不在酒。

果然，臨出門時，貴婦人又笑著補充說：「親愛的藝術家，請您千萬不要忘了，明天來的時候帶上小提琴。」

「這是為什麼呀？」帕格尼尼故作驚訝地說，「太太，您該知道，我的小提琴是不喝茶的。」

藉故意曲解對方的語言，聰明的音樂家明白表示了拒絕。

這種方法，適用於那些愛玩小手段的狡猾者，讓對方面對拒絕也只能啞巴吃黃蓮，有火發不出。

●讚美法

妻子對丈夫說：「親愛的，格林夫人買了一頂帽子，真好看！」

丈夫：「如果她像妳這麼漂亮，根本不用買帽子。」

聰明的丈夫透過誇讚妻子的美貌，巧妙地達到了拒絕的目的，既討好了妻子，又不需要破財，一舉兩得。

說「不」，也是一種藝術

不得已必須拒絕別人的請求時，注意拒絕的藝術，既能維繫人際網路，又不必為難自己，彼此皆大歡喜。

語言專家貝爾曾經寫道：「一句話往往再加上幾個字，就可以讓別人原本不想聽的話，變成別人願意聽的話。」

拒絕的藝術也是如此，有時候只要加上一些裝飾性話語或行動，就可以更巧妙地傳達自己真正想要表達的意思。

生活中必然會碰到需要拒絕的時候。

拒絕要講究藝術。當別人滿懷希望、帶著信任而來，卻只給人家一個「不」字，豈不像是當頭潑了一盆冷水？

比較好的拒絕方法，還是以誠相告，講解清楚，讓對方了解你對這件事確實無能爲力。如果在你坦白了自己「無能爲力」之後，還能夠爲他推薦替代辦法，效果更好。

●不立刻拒絕

當別人提出請求時，如果你連對方的理由、動機都沒有興趣傾聽，就立刻加以拒絕，會讓人覺得你冷漠無情，甚至因此懷有偏見。

別人對你提出請求，背後一定其理由與動機，應該先傾聽了解。如果自己有不得已的苦衷，可以婉轉說明，或是事隔幾天再予以說明。

比如，對方請你幫忙求職，如果你沒有能力幫這個忙，也不要一口回絕。可以先請對方寫下自己的簡歷、意願、要求、聯繫方法等，這樣的「立即行動」，就讓別人親眼看到了你想幫忙的「事實」，產生感激。

幾天後，在對方還沒聯繫你之前，首先打電話給他：「這幾天我一直爲你的事找人，但某某職務的條件要求很高，有些困難。」

再過兩三天，再次主動找到他：「眞對不起，我找過我熟識的人了，但是這次競爭很激烈……沒辦法，等以後有機會再說吧！」

●有代替的拒絕

誰也不願意向別人開口要求幫助，既然開口，背後一定有原因。輕易地予以拒絕，會使自己失去幫助別人、獲得友誼的機會。

也許他跟你要求的這一點，你實在幫不上忙，但你可以想辦法，用另一個替代的方法幫助他。

如此一來，即便拒絕了原來的請求，他也一樣會感謝你。

●不要在盛怒之下拒絕

在盛怒之下拒絕別人的請求，常會因「口不擇言」而傷害對方，也會讓別人覺得你一點同情心都沒有。

拒絕的時候，最好面帶微笑，態度莊重，使對方感到你對他的尊重與禮貌。如此一來，即使被拒絕，也會欣然接受。

●告知對方，你確實心有餘而力不足

別人求助時，雖然知道自己幫不了忙，但也應熱情接待，對於求助者的苦難和求援表示理解和同情，坦誠地說明幫不了忙的原因。

如有可能，也可以幫助對方出一些主意或建議，還可以提供別的求助線索，以免除求助者的誤解，使他明白你眞是心有餘而力不足。即使你幫不上忙，求助者也會心懷感激，因爲你盡了最大的努力。

爲善常樂，助人爲樂，當不得已必須拒絕別人的請求時，注意以上所述的拒絕的藝術，就不會使拒絕變爲難堪。

掌握拒絕的技巧，在與人交往的過程中就可以遊刃有餘，既能維繫人際網路，又不必爲難自己，彼此皆大歡喜。

PART 4

把對方當主角，成效會更好

想要博得他人的喜歡，

在交談的過程中卸除心理防備，

就要把對方當作「談話內容的主人翁」。

「擴大自我」讚揚，效果成倍加強

當被別人褒獎的是連自己也沒有察覺到的長處時，「擴大自我」的滿足將更勝「確認自我」的喜悅。

日本知名文學家三島由紀夫，在《不道德教育講座》一書中，曾描述了這麼一個故事強化自己的論點：

凱末爾大將率軍征戰，每戰皆捷，凱旋回國時，民眾紛紛讚揚他：「了不起，您真是傑出的軍事家！」

類似的奉承話不絕於耳，一開始凱末爾覺得很得意，但聽多了就無動於衷，不再因此感到高興。

有一天，一位職卑位低的官員，看到凱末爾將軍的鬍鬚，輕輕地獻上一句：

「啊！將軍，您的鬍子好漂亮！」

就憑著這句話，凱末爾頓時感到非常開心，立刻將這位奉承他的人擢升為幕僚。

「傑出的軍事家」，讚美的是凱末爾將軍自己也認同的長處，也就是所謂「確認自我」的讚美，因此受到讚美，會認爲那不過是種禮貌性的表面稱讚，聽久了也就不以爲樂了。

但當被別人褒獎的是連自己也沒有察覺到的長處，「擴大自我」的滿足將更勝「確認自我」的喜悅，非但更有影響力，而且歷久彌新。

一些剛剛出道的記者不了解這層心理，訪問某些專家、學者之後，常常妄自褒獎，斷下評語，結果適得其反，被專家們厭惡，等於將馬屁拍在馬腿上。

有一位神通廣大的攝影師，有本事讓任何一名女子在自己面前脫得精光，供他拍照，無論對方是熱情女郎，或是清純少女。

有一天，他終於說出了訣竅，原來他每次都不斷地讚美女子某個美麗的部位，不帶任何邪思遐想地說：「呀！妳的耳根好美、好性感！」「今天的彩妝和髮型搭配得宜，任何人都會爲妳心動的！」

大多數女性每天總要面對著鏡子不停地打扮，注意著外表上的各個小細節，因此，對於自己的胴體最清楚不過了。如果只是很普通地稱讚她臉蛋漂亮、美麗動人，不會有太大效果，倒不如讚美別人不曾讚美過的地方，最好是連她自己也很難想像到的。

像是「妳的耳根好美、好性感」，這就是被稱讚者始料未及的，所以當然樂陶陶且百依百順地寬衣解帶，供攝影師拍照。

這就是「自我擴大」的喜悅，比起「自我確認」要強烈、持久得多。想要把話說得更妙，便該善加利用，以求發揮功效。

適度的讚美讓言語更美

給予適度的讚美，接受者會因此流露出喜悅的情緒，這就是「奉承」發生了效用。

稱讚往往令人產生情不自禁的喜悅，並且逐漸增長，覺得難以克制。想要拉攏感情，就必須要學會善用人際關係的潤滑劑——讚美，這是各行各業成功者不可或缺的本事。

我們都知道人是感情的動物，然而，所謂的「感情」究竟是什麼？喜悅、悲傷、憤怒、憎惡……等等，當然都隸屬於感情的範疇，但是若要更詳細地區分，那些經由喜悅、悲傷、憤怒、憎惡等情緒影響所表現出來的態度，才是真正的感情。

聽人傾訴，不知不覺地灑下同情之淚；讀一段新聞而感到義憤塡膺；聽一段演講，跟著它的內容而喜、怒、哀、樂；欣賞一段電影而開心大笑，這些因心理感應所產生出來的反應因人而異、因地而異，正是感情。

大體說來，所聞、所聽、所見，能使人動心，動情，感之於內、發之於外，便是「感情」。「感情」一字的英文，追溯語源，是「感觸」的意思。

迄至今日，已有許多位心理學家提出對「感觸心理」各不相同的看法和主張。但是，感情相當複雜，感觸的表現更是千頭萬緒，所以任誰都不能妄加推斷，遽下具體定義。

謝拉博士曾試著把感情分爲支配肉體條件的反應、本能表現，以及受到自我價值行動驅使的精神表現，並進一步分成四個層次以分析：

第一層：由於肉體的刺激引起本能反應，包括苦痛、快感等。

第二層：整個肉體感覺到的感情，包括緊張感、疲倦感、滿足感等。

第三層：一般所稱的感情，如喜、怒、哀、樂等。

第四層：心靈上的感受，如宗教性、家族性的喜悅和平等。

由這四層次看來，我們的感情經常受到當下身處的狀況所左右、支配，尤其是第二層、第三層所指的感情，更容易受到激動。只要一句話、一小段文字，就能使人充滿喜悅、不安，或是亢奮。

給予適度的讚美，恰如其分的誇獎，接受者會因此流露出喜悅的情緒，這就是自我意識所引起的現象，也就是「奉承」發生了效用。

自我意識強、警覺性高的人，即使老於世故，也經常難以抗拒虛偽的奉承。遇到這種人，不妨投其所好，對他們說幾句好聽的奉承話，讓對方逐步陶醉、忘我，放下戒心。

但同時也必須留意，奉承別人的時候得謹慎拿捏分寸，輕輕搔到癢處即可，如果過分，反而得不到預期的效果。

以「接納」將心防融化

因為自己表現出完全地接納，所以在無形當中，對方也會更容易接受你的意見和主張。

與人相處，難免會遇到有事求助於人，希望對方能夠同意、聽從、幫助自己的時候。怎麼做才能達到這個目的呢？

這是一門大學問，也是一場「讓對方聽話」的心理戰。

進行此類「心理戰」，一般可分為理論方法、心理方法兩大途徑。

試圖據理力爭，以大道理說服別人，稱為理論方法。理論方法通常難以使人心服口服，容易造成僵局。

心理方法則不同，常能收到意料不到的正面效果。

兩者相較，理論方法的成效普遍不及心理方法。

所謂心理方法，先決條件在於從談話一開始，自己就必須努力試著先同意對方的話，這在心理學上稱爲「接納」，是「讓別人聽話」的基本法則，在交談診療上使用得相當廣泛。

也就是說，即便對方的談話內容、主張、態度、情感、信念毫無可取之處，甚至不合邏輯、不合道德、違背情理，你也必須照單全收。

若眞能夠做到這一步，自然可使對方全然安心，轉而對你產生敬意，進而增進彼此之間的友誼。正因爲自己表現出完全地接納，所以在無形當中，對方也會更容易接受你的意見和主張。

「接納」法則的應用，不僅侷限於心理診療而已，在其他場合也能派上用場，例如身爲推銷員、店員，將此法則用在那些固執己見，具有極端優越感的客人身上，最能達到效果。

《推銷指南》一書中有「應對的技巧」這一章，專門教導推銷員做生意的方法。書上說：「必須把『您說得對』、『正如您所說』、『您的意思是』等作為開頭語，讓顧客們聽得心花怒放。」

這段文字，清楚彰顯了採「接納」態度說話的妙處。

美國心理學家耶庫曼博士，曾做過一項改變學生意見的實驗。

他反覆地對反對廢止死刑制度的學生們說：「是如此嗎？好吧！」

最後，學生們居然全都改變了自己的初衷，同意他的看法。

由上述例子看來，與人意見相左時，不妨試著先「接納」別人，慢慢地，別人也就會「接納」我們。

抓準心理漏洞，交涉更能成功

利用對方在心理上出現漏洞時趁機爭取利益，不失為一個好方法，讓對方無話可說，即使有怨也無處訴。

當你開口說話，逗得對方樂在心裡、笑在口裡的時候，忽然話鋒一轉，頂他幾句，無論是脾氣再怎麼莽撞、暴烈的人，也無法立刻還以顏色，因爲他的笑容都還掛在臉上，很難立刻收起來。

因此，如果要藉著語言達到某種目的，就必須先讓對方高興，最好到失態程度，接著再捕捉最恰當的時機，藉「語言」迫他贊成、同意或投降。

類似的運用，在商場最常見，例如以下實例：

一個表演團的代表要到某家酒店進行交涉，因為這家酒店的經理非常精明，答應支付的報酬太過低廉，將讓表演團入不敷出。

但是礙於情面，表演團代表又很難拒絕對方，原來這位經理曾經在表演團發生財務困境的時候予以周轉。

該怎麼辦才好呢？

經過一整晚的思考，表演團代表終於想出一個好方法。隔天餐宴上，她絕口不提酬勞的事，只是陪著酒店經理抽煙、聊天、說話，引得經理開懷大笑，然後代表主動說：「我們表演團的全體同仁，可以為您和貴店虧本演出。」

經理聽了這句話，更樂得眉開眼笑，呵呵的笑聲怎麼也止不住，想不到這位代表突然把臉色一沉，非常鄭重且嚴肅地說：「什麼！這有什麼可笑的？你把我當傻瓜，以為我真的是那種人嗎？好！你這個鐵公雞，我已經認清了。對不起，這次演出就此取消。」

接著她裝出憤而離席的樣子，讓那位笑容還掛在臉上的經理大為恐慌，只得一把將她拉住，賠不是道：「千萬別這樣，有話好說、有話好說，關於報酬，我們可以從長計議。」

這個代表眞是位「最佳演員」，演出的效果好極了。於是雙方重訂合約，照舊演出，表演團終於獲得應有的利益。

利用對方在心理上出現漏洞，趁機爭取利益，不失爲一個好方法，巧妙使用這一招通常都能成功，讓對方無話可說，即使有怨也無處訴。

為對手設想是爭取同意的妙方

有事向人請託，應該由小到大、由微至著、由淺及深、由輕加重。如果一開始就貿然提出重大請求，對方一定會斷然拒絕。

說話、做事若能發揮將心比心精神，成效更大。

有家電視台想要針對某幼稚園進行特別報導，節目製作人特地請來一位心理學家介紹，負責居中聯絡撮合。

於是，這位心理學家前往那所幼稚園，懇切地向園長說明來意，沒想到卻被園方以一些冠冕堂皇的理由回絕了。

心理學家鎩羽而歸，回家之後仔細思考了自己被回絕的理由，發現完全都是不成問題的問題，對方只是故意在雞蛋裡挑骨頭。

一個人嘴上若常常掛著「不」，「不」字就成了口頭禪，但那並不是心裡真正感情的直接表示，而是當事人藉著各種牽強附會的理由拒絕，將自己真正的想法隱藏起來。這位心理學家考慮再三，設法尋思對方拒絕自己的真正理由，試著以「換位」的方式，使自身站在對方的立場思考：「我」該在怎樣的情況下，才能說服園方接受這個請求呢？

第二天，他再度登門拜訪，開門見山地把擬定的計劃全盤托出：

第一、電視台將無條件奉送一套拍攝完成的錄影帶。

第二、如果十六米厘不適用，那麼將會再製作一套八米厘的奉送。

第三、拍攝期間，如果工作人員不能和孩子們和睦相處，將自動取消要求，不造成園方任何困擾。

這樣一來，負責人果然欣然同意。拍攝工作完成了之後，電視台依約製作一套錄影帶給幼稚園，雙方合作愉快。

從以上事例可以知道，只要設身處地爲對方著想，就能輕易地達成自己的目的，這才是穩操勝券的最佳妙方。

切忌動輒搬出一大堆似是而非的理由，試圖反駁，因爲那等同於目中無人，輕視對方，只會造成更大的反感和衝突，根本沒有任何實質助益，想要達到目的更是加難上加難了。

想要請人幫忙，除了要儘量爲對方設想，還要注意一點，千萬不要一開始就提出令人難以接受的要求，應該要從小事情開始，逐漸加重程度，逐步達到自己原本期望的目標。

美國史丹佛大學兩位社會心理學家佛利特曼和佛利哲教授，曾以史丹佛大學附近一位名為巴特的家庭主婦為對象，進行一項有趣的實驗。

首先，他們打了個電話給她：「這裡是加利福尼亞消費者聯誼會，為了具體瞭解消費實況，想徵詢幾個關於府上家庭用品選擇的問題。」

「好的，請問吧！」

受訪的家庭主婦同意之後，他們便提出了幾個簡單的問題，例如府上使用哪種肥

皂……等。

隨後，校區附近的家庭主婦們也都陸陸續續接到了同樣的電話。

幾天後，他們又打了一通電話給這些受訪者，表示：「真對不起，打擾您了，現在為了擴大調查內容，近幾天內將有五六位調查員到府上打擾，希望您多多支持這件事。」

這件事實在不太禮貌，卻也被同意了，為什麼呢？

只因為第一通電話做好了鋪路的工作。

可以想見，如果他們沒有先打第一通電話，就直接提出第二通電話的要求，必定會遭到拒絕。

根據實驗統計，前一種狀況下，答應他們的主婦佔五十二・八％，後一種只有二十二・二％。

據此可知，有事向人請託，應該由小到大、由微至著、由淺及深、由輕加重。如果一開始就貿然提出重大請求，對方一定會斷然拒絕。

他們又從另一個實驗中，證明了這種「請託」方法的正確性。

有一年，加州州長大選時期，他們製作了各式各樣的助選標語，然後要求選民們樹立在院子前。

第一組人先提出樹立小型標語的要求，過了一段日子，再表示希望改為樹立大型標語，有的甚至大到把整棟房子都遮蔽了。

另一組人則正好相反，在一開始就要求民眾樹立大型標語。

結果，第二組的贊成比率只有十七%，第一組卻有高達七十六%的贊成率。

這個實驗說明，將心比心、循序漸近，就是讓對方答應要求的最好方式，也是說話辦事之時必須具備的技巧。

引起親切感，交往就不難

藉由關心對方的家人或使用流行語引起強烈的親切感，產生同夥意識，別人當然樂於與你交往。

對於初次見面以及了解不深的人，如何藉語言消除彼此之間的陌生感，縮短隔閡，以獲得信賴，是一門大學問。

自古以來，許多政治家都具有使人覺得親切的本事。他們懂得利用人性的各項弱點，巧妙使人心悅誠服，無條件接受領導，值得我們學習。

河野一郎是日本一位元老級政治家，十分懂得利用人們的微妙心理，藉巧妙語語使人大受感動。

一九五九年，他在紐約旅行時，巧遇了多年不見的好友米倉近。他鄉遇故知，兩人非常高興地握手寒暄，互道近況，暢談甚歡。各自回到旅館之後，河野一郎立刻撥了一通國際電話給米倉近在東京的妻子：「我叫河野一郎，是米倉近的老朋友，妳先生在紐約一切都很好。」

米倉近的妻子感激莫名，頓時熱淚盈眶。一直到後來，米倉夫妻還經常向人談論起這件事。

人在潛意識裡，總是會特別掛心自己的父母、妻子等關係親近的人，一旦發現對方也在關心著自己關心的人，或者具有相同的關心心態，大都會產生親近認同感。利用這種共同的心理傾向，先使人產生親切感，接下來，自然能夠成爲受人歡迎的人物。

日本昭和初期的政治家田中義一，有一次到北海道舉行一場演說，當地的權貴和百姓們夾道歡迎。

田中義一見狀連忙下車，趨前走進歡迎的行列中，向一位相貌打扮莊重的男士握

手寒暄，並誠懇地詢問：「啊！辛苦辛苦！令尊近來好嗎？」這位男士受寵若驚，卻面有戚色地說道：「家父前年過世了。」田中義一立刻回答：「真抱歉，我很難過。」事後，有位隨行人員悄悄地問他：「那位先生到底是誰？」想不到田中義一說：「我也不認識，但是誰沒有父母呢？即使是過世了，表達一下心意也不打緊的。」

這種做法似乎有點虛假，但相當有效。在日常生活中，必須經常把「令尊好」、「嫂夫人好」、「孩子們可好」等問候話語掛在嘴邊，如此一來必能使他人覺得備受關心，深深感動。

藉由關心對方的家人，或是使用流行語、當地的方言，可以引起強烈的親切感，產生同屬一個團體的歸屬意識，強調「同伴」、「同夥」的關係，別人當然樂於與你交往。

此外，巧妙選擇稱呼對方的方式，也能夠成功營造同夥意識，增加親切感。

由於工作的關係，日本心理學家多湖輝經常和美國人往來。

在談話當中，他發現西方人講話時有一個共通點，就是他們習慣於把對方的名字掛在嘴邊，例如「謝謝您，多湖先生」、「多湖先生，你的英文還不太行呢」、「再見了，多湖先生」……等等。

但是東方人不是如此，多半只喊對方的官銜或職名，在交際應酬中，總是不習慣直呼名字。

兩種不同的稱呼方式會導致不同效果，在與人交談時，西方人透過稱呼對方的名字，能夠輕易獲得親切感，進一步促進彼此之間情感的交流。

稱呼對方的名字，不以官銜、地位、職位等面具的虛飾稱呼，多能夠縮短彼此之間的心理差距，於無形中產生親切感，是把話說得更妙的有效技巧。

把對方當主角，成效會更好

想要博得他人的喜歡，在交談的過程中卸除心理防備，就要把對方當作「談話內容的主人翁」。

有兩名士兵同樣從戰地歸來，回到苦苦守候的女朋友身邊。

其中一位說：「我在外孤孤單單，好寂寞！」

另一位說：「沒有妳在身旁，我好寂寞！」

同樣的內容，不一樣的說法，哪一句更能使女朋友感到開心？

答案當然是第二句。

梅伊博士說過：「愛是感受對方存在的一種喜悅，不僅要確信自我的價值和成長，也要確信對方的價值和成長。認定對方的價值和好意，並且感受到自己和對方交往時的喜悅，便是『愛』的兩大元素。」

這番話似乎有些抽象，表現於言行卻很具體。在說出表示友好和關心對方的話語時，處處以對方爲重心，然後再表達自我的想法感受，將會使對方更感到歡欣、喜悅，並使愛情果實豐收。

有位作家雖然名譽不佳，但周旋於女人堆裡，仍然大受歡迎。他之所以能夠得到異性的衷心垂青，正在於熟悉女性的心理，進而加以操縱。

他經常反覆地使用下列語句：

「妳想要說些什麼？」

「我想到妳……」

「我認爲妳最合適的……」

「妳擔心的是……」

「記得上次和妳在一起時……」

這幾句話，總是隱隱地表示出「我一直在想妳」的意味，並帶有款款的情意，濃

濃的關切。

當然，此類說話的技巧的應用，不只限於男女之間。

瓦納梅是美國百貨業大亨，手下店員多到不知其數。他的過人之處，在於如經顧客舉發某名店員的態度惡劣，絕不會把人叫來痛罵一頓，而是溫和地說：「我想你一定不會做出這件事來的，這絕對是場誤會。」

不但如此，他還會問：「怎麼了？是不是家裡出了什麼事？」

面對關心，店員多會慚愧得掉下眼淚，連聲道歉。

這就是「關切」產生的力量。我們所要學習的，正是瓦納梅在言語中自然透露關心的說話技巧。

想要博得他人的喜歡，在談話的過程中卸除對方的心理防備，一個重要的說話秘訣，就是儘量把對方當作「談話內容的主人翁」看待。

謙卑，使對方感到優越

懂得尊重人，在滿足對方的優越感同時，顯示出自我的謙虛，當然更能獲得對方的歡心。

美國人際關係權學者貝他博士，在銷售管理雜誌上發表了一篇文章——《管理人員必須懂得人際關係》。

某家頗富盛名的麵包廠總經理讀了這篇文章後，立刻打電話約貝他博士晤談。博士依約前往，被引進總經理室，略做寒暄後，總經理談到正題：「如果你來到本廠，能為我們做些什麼呢？」

貝他博士想了想，稍微考慮過後說：「我也不太清楚，請讓我和管理人員先討論討論……」

想不到，這位總經理竟然立刻點頭說：「就這麼決定了！廠裡的事全權拜託你了。」

在短短的兩三分鐘內，貝他博士接到了在該廠擔任教育講座的三年聘書。

他自己在事後才知道，竟然是由於那句「我也不太清楚」，使總經理產生優越感，進而得到垂青。

這家麵包廠在不久之前，曾經連續辭退許多管理方面的專家，原來先前聘請的學者們一個個滿懷自信、嘮叨不休，讓這位總經理感到很不耐煩。

貝他博士所說的那句「我也不太清楚」，不僅滿足了對方的優越感，同時顯示出自我的謙虛。以貝他博士擁有的頭銜，還懂得尊重公司中的負責人，當然能獲得對方的歡心。

適度表現自己的謙卑，以這樣的態度說話，有助於讓自己更容易地被接納。

學會相處是成功的護身符

學會與其他人相處，打好人際關係，可以成為護身符，保護一個人在激烈競爭的險惡社會中平安生存，進而獲得成功。

「唉，眞希望自己能多吸引一些朋友，成爲一個受歡迎，人人都樂於親近的人啊！」以上這句話，恐怕道盡了許多人的心聲。

有許多人因爲生來個性較乖僻或者不善言詞、反應遲緩，以致於無法享受友誼之樂，失去許多享受群體生活歡愉的機會，成爲一個孤獨、落落不合的人。對此，他們可能忿忿不平，可能自怨自艾，卻不知道要結交朋友並不難，實現願望並非不可能，只要自己敢於突破藩籬，走出陰影。

不管當下的遭遇或眼前環境多麼不順利，多麼惡劣，你仍然可以讓自己樂觀，透過言行舉止，顯示出自己內在和藹、愉快的精神，影響周遭所有的人，使他們不由自主地靠近。

懂得經營管理人際關係的人，不僅比較受人歡迎，更容易得到別人的扶助，成功的機會自然比較大。

光有「天時」、「地利」還不夠，更重要的是掌握「人和」。

想像自己是一塊磁石，能夠將所有人吸引到身旁，這絕對不是空想，只要能在日常生活中善待他人，表現出隨時爲別人著想的態度，就很有可能會實現。

如果希望別人對自己好，就要將心比心、推己及人，先用寬容大度的態度去對待與自己互動的所有人。

應該儘量去說別人的好話，儘量去看別人的好處，不要冷嘲熱諷、事事挑剔。總是爲難別人的人，必定不可能受到支持與信任，會被貼上「不值得信任」、「最好敬而遠之」的標籤。

輕視且嫉妒他人的人，心胸必定是狹隘、不健全的，因爲看不到別人的好處，即便面對著一個衆望所歸的人，仍要設法以種種不實言辭詆毀對方。

相反的，心胸若寬大健全，就能看出他人的好處，並給予眞誠讚揚，使自己與其他所有人都感到自在、快樂。

吸引朋友的最好方法，莫過於表現出自己對別人的關心與興趣。有許多人一生都不能吸引人，總是交不到朋友，就是因爲他們只顧著自己的事，只關心自己，奉行著「獨善其身」的理念，所以久而久之，便失掉了與外界的聯繫，處在社會的邊緣，只能冷眼看世界，完全無法融入。

有一個人緣極差的人，無論走到哪裡，總是不受歡迎，連他自己也搞不清楚原因，感到莫名其妙。假使他去參加一場宴會，每個與會者見到他，必定退避三舍，當別人縱聲談笑、其樂融融的時候，他只能一個人在旁邊乾瞪眼，不知如何是好。

事出必有因，狀況究竟是怎麼產生的呢？

從外在條件來看，這個人相當不錯，長得一表人才，能力很強，在職場上也相當受到上司賞識，升遷順暢。但問題就出在態度，他總是只想到自己。

若是一個人只爲自己打算，凡事斤斤計較，不肯吃虧，甚至連與其他人談話時，話題都要圍繞在自己身上，如此自私，怎麼可能會受到歡迎呢？

人際交往是「互相」的，若只有單方面付出，很難維持下去。一個只看得見自己的人必定交不到朋友，但只要稍微調整角度，對其他事情表現出興趣與關懷，氣氛與情勢就可能馬上變得不一樣。

俗話說得好，一個懂得用耳朵的人，必定比只用嘴巴的人更受歡迎，更討所有人的歡心。假使能夠常常設身處地爲他人的利益著想，必定將獲得豐厚的回報。

無論人生最大目的是什麼，都要學會與其他人相處，打好人際關係，累積人脈存摺。這種態度將可以成爲護身符，保護一個人在激烈競爭的險惡社會中平安生存，進而獲得成功。

用真摯的告別語言深入人心

情意真摯、言語優美的告別詞語令人感動，這點不論是在朋友間的交往，或是商場上的往來都是如此。

在社交場合，得體的告別語言能增進友誼，即使在雙方分別後，這段情誼也會令人難忘。至於在商場上，巧妙地處理送別也可能會促成一樁買賣，爲今後雙方的成功合作打下良好的基礎。

例如，有一家公司的女秘書替經理接待來訪客戶，由於工作相當出色，因而深受客戶喜愛。臨別時，客戶爲了表達對這位小姐的感激之情，特別送給她一個由大海貝製成的紀念品。

這名女秘書非常讚歎海貝的美麗，當她知道這禮物是客戶從很遠的地方買到時，很感動地說：「謝謝你，爲了送我這件禮物，還讓您跑那麼遠的路，眞是過意不去。」

「這不算什麼，因爲我爲買到它而進行的長途跋涉，就是我送給妳的禮物一部分。」這位客戶答道。

這樣別具一格、精心挑選的離別贈禮，再加上動人的臨別話語，就能表達出送禮者的一片至誠，也無怪乎收禮者會如此感動了。

此外，情眞意切的告別演說也是催人淚下。

林肯是美國第十六屆總統，一八六五年贏得內戰勝利，廢除了黑奴制。

一八六一年二月十一日，林肯當選總統要赴華盛頓就職前，他在工作所在地伊利諾斯州發表了告別演說，部分內容如下：

「不是處在我這個地位上的人，很難體會到我此刻的惜別之情。這地方和這裡的人民給了我一切，我在這裡度過了四分之一個世紀，從青春歲月到了暮年，我的孩子在這裡出生，其中一個還埋葬在這裡。我現在要離開你們，不知何年何月才會再回來，甚至不知是否能再回來。我眼前面臨的任務，比當年華盛頓總統肩負的還要重大。要是沒有上帝的扶持，我不會成功，但是，有了上帝的扶持，我就不會失敗。讓我們滿懷信心和希望，因為一切都將好起來。願上帝賜福於你們，也願你們祈求上帝賜福於我。」

這篇告別演說情感真摯、言語樸實，林肯以發自內心的感觸，道出了一個即將遠行的人對朋友依依不捨的深情。有人說林肯是美國歷史上最偉大的總統，從這一篇告別演說上，可見一斑。

情意真摯、言語優美的告別辭令人感動，這點不論是在朋友間的交往，或是商場上的往來都是如此。

一個成功的領導人也善於發表臨別的演說，他懂得利用這樣一個機會、這樣一篇演說，讓自己的形象深留人心。

PART 5

善用說話技巧
獲取他人好感

若能把握各種談話方式，
在各種交際應酬場合適當地運用，
會讓口才更加出眾，
也能加深他人對自己的好感。

聰明打開話題，發揮言語效益

故意發個讓對方容易接的球，他一高興，當然樂於還擊，話題會自然地圍繞著興趣轉，讓他談笑風生，起勁地暢談不休。

與人交談就如同打桌球，必須迅速靈敏地將球抽回，一方面維持與對方的連續還擊，一方面藉著那小小的乒乓球，溝通彼此的心靈。同時，選擇一個適當的機會，攻殺對方。

如果操之過急，一味地想擊敗對手，勢必會先嚐到敗績。

最容易維持交談的話題，莫過於針對對方的興趣出發。例如，如果你知道對方擅長打乒乓球，那麼在會面寒暄之後，就要立刻提出。

「聽說您是一位乒乓球高手？」

這正如同桌球運動中的發球，故意發個讓對方容易接的球，他一高興，當然樂於還擊，話題會自然地圍繞著興趣轉，讓他談笑風生，起勁地暢談不休。

這可稱之爲談話的「情感發酵」，或者「談話的發球」。

被商界譽為「銷售權威」的霍依拉先生，便十分擅長「談話的發球」。

有一次，他為了替報社爭取廣告刊登，親自到梅伊百貨公司拜訪總經理梅伊。相互寒暄介紹以後，霍依拉不經意地加上一句：「您在哪兒學會駕駛飛機的？」想不到這句話真靈驗，正好搔著梅伊的癢處，觸發了他的談興，於是便主動邀請霍依拉在週末時搭乘他的自用飛機。

可想而知，有好的開始，這樁大生意自然有了著落。

這位銷售權威何以知道梅伊總經理會駕駛飛機？當然是因為在上門拜訪之前，早已先做過調查。

霍依拉心想：「如果我是一天到晚都忙著做生意的總經理，聽見有人還繼續談商場上的那一套，一定感到心煩。我得換個方法，另闢蹊徑。」就憑著這一招，他成功創下了廣告招攬額的最佳紀錄。

如果事先調查不出對方的興趣，該怎麼辦？

沒關係，只要問他：「您在閒暇的時候，都做哪些消遣呢？」以此切入，同樣可以套出對方的嗜好。

不過，要採用這項策略，你本身需要具備一項條件，那就是興趣、愛好廣泛且普遍，不論談些什麼都能應答如流，如此一來雙方才可能聊得投機，各項要求自然而然地能夠順利被達成。

當然，想要把話說得更巧妙，是一門博大精深的心理學，掌握對方的興趣嗜好和心理狀態只是其中的要點之一，必須以更多說話技巧輔助。

作家貝爾就曾經說過：「一句話往往再加上幾個字，就可以讓別人原本不想聽的話，變成別人願意聽的話。」

的確，有時候一句話往往加上幾個裝飾字之後，就可以更巧妙地傳達自己原本想要表達的意思。

譬如，當你想指出別人的錯誤的時候，如果試著話在語之前加上「以下我準備說的話，完全對事不對人」，那麼，相信別人就比較能夠虛心地接受你的指正。

口才可以說是現代社會必備的競爭資本，「把話說得更巧妙，把意見滲透到別人心裡」，更是商業社會的成功之道，唯有具備良好的說話能力，才能在劇烈的競爭中遊刃有餘。

細心研讀說話的各種技巧，掌握對方的心思後加以靈活應用，會使你更迅速擄獲人心，也更順利達成自己的目的。

懂得說話，就不會尷尬

在任何場合開口說話時，一定要三思而後言。古人常說的「禍從口出」，就是因為不考慮清楚就隨意開口，為自己惹來了麻煩。

作家貝佐茲曾說：「成功者和失敗者最大的不同就在於，成功者懂得如何把難說的話說成好聽的話。」

的確，當你跟別人溝通之時，要把難以開口向別人說的話，或是不怎麼好說的話，說成別人想聽的「好話」，確實是一門高深的溝通藝術，重點就在於你是否懂得用別人喜歡的方式包裝那些話。只要你能依照這個原則，再怎麼難說的話，就都能變成一句句動聽的「好話」。

在人際交往的場合中，有些狀況會令對方相當尷尬、難堪，甚至因此惱羞成怒。

會造成這種情況，多半是說者不考慮時間、地點，說出不合場合的話語，結果即便說者是好意，也會惹得對方不愉快。像不合時宜的安慰話語就是如此。

例如，辦公室裡有位女同事談戀愛受挫，好不容易鼓起勇氣向對方告白卻被拒絕，心裡相當傷心難過。

她的性格內向又不善言談，也就沒有向他人袒露內心的秘密。公司裡一個與她很要好的同事見她愁眉不展，在得知原因後，就當著衆人的面安慰她說：「那個人有什麼好？憑妳的條件，一定可以找到更好的！」

可是，話還未說完，那名失戀的女同事就跑出辦公室了。這時，她才發覺在這樣的場合中，這樣的安慰話有些不妥當，可是對方已受到傷害了。

幾句安慰話倒成了彼此間尷尬的原因，由此可見，即使說安慰話也要考慮對方的性格，更要考慮時間和場合的問題。

對性格內向的人，不宜在衆人面前直接給予安慰，尤其是涉及別人的隱私時，更不宜在公開場合安慰對方，以免「走漏風聲」。總而言之，在說安慰話時，還得隨不同對象而有不同的應對方式。

另外，有一些人在說話時，總是直來直往，易惹人生氣、把事情搞砸，這是因爲這類人缺乏場合意識的關係。

他們對人很誠實，談論事情時往往只從個人主觀感覺出發，以爲只要有話就應該說，心裡有什麼嘴上就說什麼，不管什麼時間、地點、場合都是如此，結果常常冒犯了人，自己還不知道問題出在哪裡。

例如，有兩個老工人平時愛開玩笑。若有幾天沒有見到彼此，一見面就會說：「你還沒死呀？」通常對方也不計較，只回說：「我等著你送花圈呢！」兩個人相對哈哈一笑了事。

後來甲工人因重病住院，乙工人去醫院探望他。結果一見面就說：「你還沒有死呀？」這一次，甲工人馬上就發火了，生氣地說：「你滾出去！」

這是因爲對方正生病住院，心理壓力很大，結果乙工人又對著憂心忡忡的病人說「死」，對方怎能不反感、惱怒？

就算乙工人沒有惡意，只是想逗對方開心，只可惜他缺乏場合意識，開玩笑弄錯了地方，才使得對方不愉快。

在任何場合中開口說話時，一定要三思而後言。古人常說「禍從口出」，就是因為不考慮清楚就隨意開口，爲自己惹來了麻煩。尤其在商場上活動的人，每天見面的人更多，彼此間的利益關係又複雜，更要有場合意識，養成「三思後言」的好習慣。

人際關係傑夫曾經在他的著作中如此寫道：「想要說好難說的話，嚴格講起來，一點都不困難，問題就在於，你是否懂得先站在別人的立場著想，再來說那些難說的話。」

如何說話是一門高身的學問，但只要你懂得在開口向別人說難說的話之前，先站在對方的立場設想，那麼，接下來不論從你口中說出再如何難堪的話，聽在對方的耳朵，也就比較不會那麼刺耳。

善用談話技巧獲取他人好感

若能把握各種談話方式，在各種交際應酬場合適當地運用，會讓口才更加出眾，也能加深他人對自己的好感。

身處商場中，就免不了各種交際應酬的場合，尤其是身爲領導者的人，面對這類場合的機會更是多。

應酬的對象可能是客戶，可能是一同合作的廠商，也可能是自家公司的同事或上司，但不論對象是誰，這些人對你在事業上的成功與否，都有一定的影響力。也許能因此拉到一個大客戶，也許能藉此加強合作夥伴對自己的好感，甚至可能因而得到升遷的機會。

因此，應酬的技巧是成功人士必有的一項技能。

成功的應酬技巧，是指在各種場合中都能應付自如，其中最重要的就是談話的技巧。若能把握各種談話方式，在各種交際應酬場合適當地運用，會讓口才更加出色，也能加深他人對自己的好感。

以下列出幾種常見的談話方式：

一、傾吐式

這是最強烈的情感和思想交流方式，它是以說話者對聽者的強大信賴爲基礎，將自己的喜、怒、哀、樂以及種種打算與計劃全部告訴對方，讓對方幫忙評判這些想法。

在這種談話方式中，自己擁有說話的主動權，對方多半是被動地反應，他或許會受到激勵而奮發進取，或許能得到教導而悔過自新，或許會因此敞開心扉，伸出熱情的友誼之手。

二、靜聽式

與傾吐式相反，靜聽式是在被動中贏得主動，特別是在把握不了對方思路的時候，靜聽的方式能幫助自己爭取時間、理清頭緒。

靜聽不代表就是靜止不動，而是要隨著對方的情緒與談話內容，或點頭、或微笑、或做個手勢與面部表情表達自己的想法，並引起對方的注意，以引導談話的方向，對方也可以在這些簡單的示意中得到安慰或力量。

三、判別式

在交談中，抓住對方談話的空隙，恰如其分地插話，以表達自己的看法，這有益於促進思想與情感的交流。

值得注意的是，評判要適時、適度，如果粗暴地打斷對方談話或不負責任地妄加評論，只會損害自己的形象，造成往後交流上的障礙。

四、啟迪式

談話對象有伶牙俐齒和沉默寡言之分，因而交談方式也應有所區別。

若談話對象拙於言詞，就要循循善誘，多方面進行啓發，好讓對方吐露心聲。交談時，一定要注意用詞造句的柔和與婉轉，或拋磚引玉、或旁敲側擊，切不可急躁從事、大放厥辭。

五、靈活式

在非正式的場合中，主題單一的談話是很少見的，多半是一些人聚在一起閒聊，沒有固定的題目和目的。鑑於這種情況，談話時要注意話題的轉換，並且透過不斷地變換話題，找出大家都感興趣的話題來談。在這類型談話中，千萬不可不顧他人興趣，只談自己有興趣的話題。

六、間休式

就像中篇小說要分章節一樣，耗費較長時間的談話也要注意間歇休息，因爲體力上的疲憊往往會導致思維混亂，精力充沛則有助於談話的成功。所以在較長時間的會談中，要有適度的休息。

但是在間歇時，不要使氣氛變得尷尬或難堪，可以一同看看報刊、聽聽音樂、下下棋，這都能保持原有的融洽氣氛。

七、加強式

這是對判別式談話的補充。交談時，雙方可能都會說出一些不太成熟的想法，有不少人對此漠然看待，這實在不是正確的態度，因爲有一些新奇獨到的主意可能因此被埋沒。

正確的做法應該是，密切注意對方提出的新觀點，同時多動動自己的腦筋，共同進行一番創造性思考。透過彼此交換意見的方式，使對方的觀點更加成熟、更加完善，從而使雙方都能受益。

避開忌諱話題，使談話順利

交際應酬中的問話目的，是要引起雙方的興趣，以使交談順利、愉快，而不是要使任何一方難堪。

在交際應酬的談話中，要注意許多「忌諱」。

交談的話題若觸及這些「忌諱」，就會使場面變得相當尷尬，無法轉移話題時更使彼此難堪，若是對方脾氣暴躁一點，說不定還會因此翻臉。這樣的交際應酬不但無法帶來好處，還會使彼此關係變得惡劣。

例如，如果對方是同業，就絕不可問他的經營情況，因爲每個人或多或少都有些「同行相忌」的毛病，況且營業情況更屬企業機密，所以若問同行業者的公司內部情況，實在是相當不明智的行爲。

此外，若是跟對方提及另一個與他站在敵對立場的人或企業，也是不恰當的，這樣的話題易使對方誤以爲你心存挑釁，容易引起紛爭。

還有幾個應酬談話中的「忌諱話題」是不可不知的，例如，不可問對方首飾的價錢，不可問對方的業績，不可問女子的年齡，不可詳問別人的家世，不可問別人用錢的方法，不可問別人工作上的秘密……等等。

曾有位成功的領導人說：「倘若我不能從任何一個見面的人那裡學到一點東西，就是我處世失敗。」

這句話相當發人深省。換句話說，應酬中的問話不僅可以打開談話局面、交流彼此間的情感，更可以藉此增加自己的見識。

問話是表示虛心、表示謙遜，同時也表示尊重對方的意思，一個肯坦白求教的人，最能取得別人的歡心。因而若對於一件事情不明白，就不妨放下身段、請教別人，自作聰明是最吃虧也愚蠢的做法。

但是要怎麼問呢？這問題也值得研究。

問話的方法有很多種，成效自有高低的分別。高明的問法使人心生喜悅，而愚蠢的問話只會令對方啼笑皆非，甚至產生反感。

還有，問話的內容也要詳加考慮，除了要避開種種「忌諱話題」，還要注意談話的場合與對方的身分地位。

總而言之，在交際應酬中，凡對方不知道或不願讓人知道的話題，都應該設法避免。因爲，應酬中的問話目的，是要引起雙方的興趣，以使交談順利、愉快，而不是要使任何一方難堪。

要能令答者起勁，同時也能增加自己的見識，這才是高明的問話技巧。

說「不」也要維護對方顏面

在拒絕別人請求時，態度一定要謹慎、真誠，使對方了解你的苦衷。一次成功的拒絕，可能會為將來的重新握手播下希望的種子。

在商場的人際交往中，爲人所求時，說「不」還需要多花點心思、多用點技巧，既要達到拒絕的目的又不能傷了和氣。

若是處理得不好，讓對方覺得你是在刻意刁難他，或是損及對方自尊，那彼此間的交情也就斷送了。

一般而言，在拒絕別人的請求時，有以下幾點要多加注意：

一、顧及對方的自尊，為對方留下台階

人都是有自尊心的，一個人有求於人時，往往都帶著惴惴不安的心理。在這種情況下，如果一開始就向對方說「不行」，勢必會強烈傷害對方的自尊心，使對方不安的心理急劇增加，甚至因此引發強烈的反感，從而產生不良的後果。

因此，不宜在一開口時就宜說「不行」，應該尊重對方的願望，先說些關心、同情的話，然後再說明實際情況，說明自己無法接受請求的理由，並表達自己無能爲力的歉意。

由於事先說了那些讓人聽了產生共鳴的話，對方才會相信你所陳述的情況是眞實的，相信你的拒絕是出於無奈，心理上會較接受自己被拒絕的情況。

在拒絕別人時，不但要先考慮對方可能產生的反應，還要注意措辭。例如，你拒聘某人時，如果悉數羅列缺點，會十分傷害對方的自尊心。應該先稱讚他的優點，然後再指出缺點，說明對方不適任的原因，如此對方自會心服口服，甚至感激你指出他需要改進的地方。

二、降低對方對你的期望

大凡對你有所請求的人，都是相信你能解決這個問題，對你抱有很高的期望。一般而言，對你的期望越高，越是難以拒絕。

所以在拒絕請求時，倘若多講自己的長處或過分誇耀自己，等於是在無意中提高了對方的期望，也加大了拒絕的難度。相反的，如果適當地說一說自己的短處，就會降低對方的期望，會較易於拒絕對方。

此外，若能抓住適當的機會多講別人的長處，就能自然地轉移求助目標。這樣不僅可以達到拒絕的目的，而且會使被拒絕者得到了一個更好的求助對象，由此產生的愉快、欣慰心情，將能取代被拒絕時產生的失望與煩惱。

三、儘量使拒絕的話語溫柔和緩

要拒絕對方時，可以連連說出場面話，使對方產生「可能被拒絕」的預感，讓他的心中有所準備。

若是在談判中拒絕對方，一定要講究策略。婉轉地拒絕，對方會心服口服；如果生硬地拒絕，對方則會心生不滿，甚至懷恨在心或仇視你。

因此，拒絕對方時，儘量不要傷害對方的自尊心，要讓對方明白你的拒絕是出於不得已，自己也感到很抱歉、很遺憾。

四、讓對方明白自己的處境

一般而言，一個人有事求別人幫忙時，總是只希望別人能滿足自己的需求，但往往不考慮自己給他人帶來的麻煩和風險。

因此，若能實事求是地說明利害關係和可能產生的不良後果，把對方也拉進來，共同承擔失敗的風險，讓對方設身處地去判斷現實情況。這樣會使提出要求的人望而止步，放棄自己的要求。

此外，在拒絕別人的要求時，若將鐵一樣的事實擺在對方眼前，那無論怎樣堅持自己意見的人，也不能不放棄自己的要求。

五、儘量使自己爭取主動，站在有利的位置上

不管怎麼說，拒絕別人的要求時，自己總是處在被動的位置上。因爲，很難預料

是誰、在什麼時候、會提出什麼要求，而且對方的要求一經提出，又得當面答覆。

不過，有些情況下，登門謝絕就可以使對方產生感恩心理，爭取到一點主動權。登門謝絕有三個好處，首先，自己以登門拜訪的熱情溫暖對方的心，因此對方被拒絕了也不至於感到傷心難過。

其次，既已表示願意爲對方效微薄之力，但又肯不辭辛勞地登門拒絕，可見拒絕是出於力不從心，從而能得到對方的理解。

最後，登門拒絕能使自己由被動轉爲主動，以求助的方式請求對方接受拒絕，不會傷害對方的感情。

特別是長輩對自己提出的請求，如不能接受，採取登門謝絕的做法是再好不過的了。

六、態度一定要真誠

拒絕總是令人不快。「委婉」的目的無非是爲了減輕雙方，特別是對方的心理負擔，並非玩弄「技巧」來捉弄對方。

特別是領導者、長輩拒絕下級、晚輩的要求時，不能盛氣凌人，要以同情的態度、關切的口吻講述理由，使對方心服。

總而言之，在拒絕別人請求時，態度一定要謹慎、眞誠，使對方了解你有不得已的苦衷。請謹記，一次成功的拒絕，可能會爲將來的重新握手、更深層次的交流播下希望的種子。

以平常心對待，談話就不會失敗

在與名人來往時，對待他們就要像對待平常人一樣。只要有了這種正確的觀念，自然就不會恐懼慌張。

與名人說話時，不要有害羞畏怯的心情，只要能眞正表達出內心的意思，就能與任何名人開口說話。

有些人對名人只會一味地附和、奉承，這樣是不會令對方愉快的。其實，只要語氣誠懇，措辭和說話態度都得體合禮，他就會對你留下良好的印象。

要把名人視爲一位有血有肉的人來對待，對他提出一些能夠表達感情的問題，但不要把他視爲超人。他像任何人一樣，敵不過疲倦，也擋不住傷害，甚至可能比你更脆弱，而且與你一樣害羞。不要認爲名人眞的就如藉以出名的職業或形象一樣，事實

上，雖然許多名人向公眾傳遞出信心、睿智、仁慈、滑稽或性感等形象，但那往往是裝扮出來的。

當你同時應付兩位名流時，不要只顧著你所敬仰的那一位，而置另一位於不顧，這會使他們兩位都不自在。

此外，如果你想持續和他們交談，那你必須保證話題是他們二位都能參與的。在這類交際場合中，即便你對某一位名人並不熟悉，而且在經過介紹之後仍想不起任何與他有關的事蹟，你也不能對他有所怠慢。必須一視同仁，對所有名流表達出同樣的熱情和友善。

不喜歡說話的名流，包括外貌滑稽而似乎容易親近的喜劇演員在內，他們在舞台上已經笑到了極限，因此在真實生活中，往往再也無法發揮幽默了。

作家、詩人、畫家、音樂家等等從事創作性工作的人，雖不大喜歡說話，但這些人往往對政治乃至於宗教各種方面都有廣泛的興趣。他們在社交場合中也許不太活躍，但多有啓發人們思想的獨到想法。

因此，想和這些人談話必須有耐心，不要輕易動怒，也不要太熱情，保持溫和、冷靜和體貼的態度。

名人們也有自己私人的嗜好。比如有的名流很關心學校教育，他們可能有些百年樹人的改革大計；還有的名人會利用業餘時間鑽研某一人物。若事先知道這些消息，可以預先做點談話內容的準備。如果對方是位知名度很高的名人，那麼，你可以向有關方面的人多加打聽。

名氣普通的名人總是生活在情緒不穩定的狀態中。內在的恐懼，使他們特別脆弱敏感，別人稍有怠慢就會激怒他們，他們也容易顯得傲慢。然而，他們絕對需要你的尊重和順從，而且名氣越小，對於親切、尊重的需要也就越大。

對待褪了色、過氣的名人時，最好採取迂迴戰術接近他，彼此間的開場白應當是積極的，儘量避免消極的開場白，例如「你最近空閒下來是怎麼打發時間的呀？」或「很久沒有見到你在公眾場合露面了，你去哪啦？」或「這麼久沒有在舞台上露面，會不會覺得無聊呢？」

這些話等於當頭潑他一盆冷水，也可以預見接下來的談話不會多愉快了。

在多數情形下，與名人談孩子是不會錯的。

你可以問對方有幾個孩子？多大了？孩子讀的學校好不好？教學方式如何？如果你也當了爸爸或媽媽，那麼，你就更具備和他們談論孩子的資格。

但是，對於這類話題還是要多加小心，不要將話題扯得太遠，不要顯得在挖掘對方隱私，要適可而止。

在與名人來往時，最重要的就是不要忽略了他們也是人這一點，對待他們就要像對待平常人一樣。他們也有歡樂、有悲傷、有缺點、有怨恨、有驚恐，是和平常人一樣有感情的，並不因爲有了地位就不再是人。

只要有了這種正確的觀念，那在與大人物打交道時，自然就不會恐懼慌張了。

善用「公關」打造良好形象

公關語言除了要優美生動，還必須傾注真摯而充沛的感情。只有心中裝滿誠摯的感情，說出來的話語才可能感動人心。

所謂「公關」，就是指與形形色色的人打交道。最重要的，就是要透過種種方式、手段，加強自己在公眾面前的良好形象，因此，「公關技巧」可說是每位領導人不得不研究的一項學問。

一般而言，公關語言的藝術性主要體現在以下六個方面：

一、幽默的力量

幽默是一種藝術，可以用來增進自己與他人、組織和公眾之間的關係。使人從令人發窘的問題中或尷尬的時刻裡脫身，化陰暗爲光明、化干戈爲玉帛。

據說，某位企業領導人到香港創辦新公司之時，由於他的投資行爲受到各方重視，因此一下飛機就有大批記者要採訪他。其中一位香港記者毫不客氣地問：「你這次帶了多少錢來？」

這名領導人一見發問者是位女士，便答道：「對女士不能問歲數，對男士不能問錢數。小姐，妳說對嗎？」

一句話即迴避了問題，又具有幽默感。比起支支吾吾地掩飾，或是擺起架子、板起臉孔地拒絕回答問題，這種善用幽默的回答方式不知強了多少倍。

二、豐富的辭彙

公關語言要運用準確生動、富有表現力的辭彙，這樣可以激發公衆的熱情、喚起公衆的想像，並得到公衆的信賴。

因此，公關人員必須掌握大量的辭彙，善於運用同義詞、近義詞的轉換，能嫻熟地運用專業詞語、成語、俗話。當然，這些知識要靠平時廣爲蒐集、認眞儲存，這樣到了需要運用詞彙時，這些知識就會源源不斷地湧入腦中，信手拈來、隨意脫口而出，就能增加語言的風采。

三、形象的修辭

公關人員還必須熟練地掌握和運用各種修辭手法，以增強語言的具體概念。貼切的比喻能啓發別人的聯想與想像；適宜的設問、反問能引起他人的好奇心；流暢的排比能激發公衆的熱情；適時的反覆和強調能加深他人印象，產生更好的效應。若能善用種種修辭，就能使大衆對你所要傳達的內容印象深刻。

四、變化的句式

爲了加強表達效果，還須注意句式的變化。

在公關活動中，可用單句，也可用複句；可用陳述句，也可用感歎句；可長短句交錯，也可倒裝、前置。句法參差不同，才能加強語句的強度與活潑性。

五、和諧的節奏

說話時，要注意音量、音質、音色，若是頻率過高，會使聲音刺耳，惹人不快；若是頻率過低，會令人沉悶欲睡。

說話語調要有抑揚頓挫、高低起伏，才能吸引聽者的注意力與興趣。

六、真摯的感情

公關語言除了要優美生動，還必須傾注真摯而充沛的感情。有句話說：「只有在心中裝滿了蜜，口中的言語才會甜。」以此類推，只有當心中裝滿誠摯的感情，說出來的話語才可能感動人心。

公關語言除了具有以上這六個特點之外，由於公關語言多半帶有一定的目的性，因此必須遵循以下這五項原則：

一、通俗易懂原則

公關詞語首先要讓人聽得懂，因此忌用一些冷僻、晦澀的詞語，否則會造成溝通和交流上的障礙。

明朝人趙南星寫的《笑贊》裡有這麼一則故事。一秀才買柴時說：「荷薪者過來。」賣柴者因「過來」二字明白了秀才的話，就把柴擔挑到他面前。秀才又問：「其價如何？」賣柴者因明白「價」這個字，於是說了價錢。但秀才又說：「外實而內虛，煙多而焰少，請換之。」賣柴者不知秀才在說什麼，便挑擔而去。

這則笑話中的買賣過程，也可看作是公共關係中的口語交往過程，因選用的詞語不通俗，對方聽不懂，所以這些話語無法達到溝通的效果。

二、典雅原則

公關話語要通俗易懂，但並非是要用俚俗、粗鄙的詞語。

公關人員的談吐和言語格調會直接影響他所代表的組織形象，因此應選用典雅的詞語，以給對方良好的印象。比如，「有空再來看看」就不是適當的公關語言，應該說「有機會的話，歡迎再次光臨」。

三、詞語色彩中性化原則

在公共關係交際中，一般應採用不強調褒貶的中性詞語，以縮短自身與公衆間的心理距離，好達到溝通的目的。比如宣傳產品時，既不應貶低其他廠商的同類產品，也不能「老王賣瓜」地自賣自誇，否則會引起公衆的反感。

四、恰如其分原則

說公關話語時，要把握好遣詞用句的分寸，不要過分，防止語意走向極端。例如，適度的讚美可使對方愉悅，但過分了，只會適得其反。

以穩重聲線穩定場面

以穩重的姿態應答，將在不知不覺間，強制更改對方激動的語調。如此才能化戾氣為祥和，順利解開誤會，甚至轉敵為友。

許多語言學家都強調，想把話說進對方的心坎裡，無論問話或答話，都應該保持著冷靜沉著的態度，因為在這種心態下，才能夠以低沉穩重的語氣說話，而這正是一般人比較容易接受的聲音與方式。

美國海軍和克尼庸大學的語言研究社，共同做過一項研究，在艦艇上以內部傳聲裝置進行試驗。結果證實了，發問者的聲音越大，回應者的音量也會跟著放大，也就是說你不客氣，我也不客氣；你的聲音大，我就要比你更大。

說話也是如此，當對方一開始就以高昂強硬、亢奮激動的口吻說話，自己的回答就必須越發保持低沉穩健，否則無法繼續下去。

耶魯大學心理學教授卡魯博士，曾經以各種不同的談話模式，來測試學生們的理解程度，結果證明了一個道理：低沉穩重的語調，比起亢奮、熱情，甚至帶有脅迫、煽動性的言辭，更容易被學生們接受。

鈴木健二從前是日本NHK廣播電台的知名播音員，後來將累積了二十餘年「口語生涯」經驗，撰寫成《用心交談》一書，其中有句警語說道：「若想把自己的想法、意見，成功地傳達給對方，就要將彼此眼觀眼之距離保持在三十至五十公分，這是最適切理想的。但是，還有一件事必須特別注意，就是說話的聲音，必須比平常低一半。」

「低一半」當然不是非常科學的說法，低七個音階也不容易被一般人了解，只能解釋成聲音要放低，低到平時說語調二分之一的程度。用「低一半」的方式對付情緒激動、來勢洶洶的人，最容易產生抑壓的效果。

和別人談話時，我們偶爾會操之過急，急欲表達自己的意見，不等對方的話告一段落，便倏然打斷。受到急於表達己見的心態影響，會在不知不覺中提高自己說話的音調，一改原來低沉、具有說服力的聲調，最後一路失控，變成潑婦罵街、相互謾罵了。

有效運用以聽者為主體的姿態，也能夠產生驚人的效果。

一位出版界的主管說話總是慢條斯理、低沉穩健、細聲細調，如果不豎耳傾聽，絕對不知道他到底在說什麼。但是聽話的人會因此全神貫注地聆聽，並在不知不覺當中贊成他的主張。

制服高音調的最好方法，是先冷靜下來，以低沉穩重且極其肯定的語氣和對方交談，如此才能化戾氣為祥和，順利解開誤會，甚至轉敵為友。

以穩重的姿態應答，將在不知不覺間強制更改對方激動的語調。如果對方一開始便放大嗓門高談闊論，自己也不服輸地針鋒相對，對話勢必會陷入水火不容的困境當中，對雙方都沒有幫助。

言語尖銳，讓不受歡迎的人知難而退

使用對感情交流正常發展有負面影響的詞，只有百害而無一利。但如果希望討厭的人自動離開，不妨多用些刺耳的詞吧！

勉強自己和一個討厭的人來往，不僅沒有意思，也浪費時間。

但若要你拿出勇氣來，當面和對方攤牌：「我不想再看到你，你別再找我好嗎？」卻又感到太不留情面，很難說出口。

這時候，只要採取下列方式，便能夠若無其事、輕輕鬆鬆地把他們打發。

例如，面對一再登門拜訪的推銷員，不妨這麼說：

一、謝謝，但我不想要。

二、不必了，謝謝。

三、價錢太高了，買不起。

四、我現有的已經夠用了。

日本商業專家森本厚吉在他所著《說話法經緯》一書裡，認爲以上這四句話當中的任何一句，都足以成功地拒退推銷員，使他們知難而退。

如果把這四句話稍加變化，進一步用於人際的交往過程中，便能夠在日常生活裡應付自如。

那麼，應如何變通呢？

可採用的句式如下：

一、我一點也不想聽你說這些話。

二、這些話對我沒用。

三、以後再說吧！

四、那種事我早就知道了。

這四句話中，以第一句最具效果，但必須視時視地、因對象妥善運用。它們雖不致於讓對方狼狽不堪，但必會知趣地自找台階下。

再更進一步來說，當我們討厭一個人，想要趕走他，卻又不能直接挑明了說，就該聰明地利用說話技巧達到目的。

●應用非情感交流詞語

優秀的小說家、劇作家、作家、作詞者們，簡直就是「語言魔術師」。經過他們安排的巧妙台詞，總能充分描寫出場人物的心理狀況，並帶動情節發展，技巧之卓越，實在令人讚嘆。

可是事實上，當你在看一齣戲時，只要稍加留心，必定會發覺在某個特定的場合，會出現特殊的話。

舉一個明顯的例子，酒家女、舞女在和她們的恩客話別時，幾乎都是千篇一律地說：「好啦！反正像我這種女人，怎麼能夠和你攀上交情！」

不仔細分析這句話，絕對想不到諸如「好啦」、「反正」等輔助詞，雖然沒有實體意義，卻能產生舉足輕重的影響。

這都是些違逆人與人情感交流的「非感情交流用語」，當然，這類用語數量不少，並非僅有這幾個。

上述這些話對於感情交流的正常發展，百害而無一利，但能發揮「非常效果」。因此，如果希望討厭的人自動離開，不妨多用些刺耳的詞吧！

•打岔

無預警切斷別人的話，殺傷力極大，畢竟再沒有比正滔滔不絕地講話時，突然被人打岔，更令人感到惱火的事情了。

一位善於此道的人，必定是這樣的：當別人高談闊論，漸入話題軸心，立刻瞄準了關節處打岔：「是那樣嗎？」

接著，便是一連串無關緊要、無關痛癢的廢話。

這當然有礙於交際往來，可是用它來逃避惹人厭者，卻能屢屢奏效。

有位家庭主婦運用這個方法，可說到了出神入化的境界。當她不想聽人囉唆，或想拒絕登門拜訪的推銷員時，便會在對方講得正起勁時，很不客氣地說：「對不起，

我要上一號。」

可想而知，如此重複兩三次之後，對方就沒有繼續講下去的興致了。

連續使用附和語，也是中斷談興的好方法：

一、強硬地切斷對方的主要講題：「這是什麼」、「請再說一次」、「請等一下」……等。

二、轉換對方的話題：「是那樣嗎」、「話不能這麼說」、「難道沒有例外嗎」、「有時候」……等。

無論在任何場合，若能把上述列舉的話，每隔五、六分鐘便用上一次，保證發揮神效，可以讓討人厭的推銷員、喜歡在你面前嘮叨的人受到某種程度的打擊，乖乖地離開，不敢再繼續大發厥辭。

要讓女人離自己遠一點，又該怎麼做呢？

風流的美國男人之間，相傳著這麼一句話，專門用來對付一夜情的女性——「妳打嗝的味道眞難聞！」

此話一出，成功率高達百分之百，那位和自己有「一夜之緣」的女性必定會又羞又怒地甩門離開。

當著異性的面，男人們通常都像個紳士，說話用詞極爲小心謹愼。可是，一旦所處的場合沒有女人，便會像變了個人似的，髒話滿天飛。

他們當中，絕大多數都相信一句話：「女人允許你背地裡做髒事，但絕不能當她的面說髒話。」

由此看來，我們可以知道，絕大多數女性對於生理上的用語相當敏感，很怕聽到別人當面說出來。

如果有人當面提出的話，那場面眞會讓女性感到不知所措，難堪到極點，恨不得鑽進地洞裡去。

說些不客氣、較尖銳的話，是讓討厭的人離開自己的好方法。當然，仍需掌握一定的尺度，以不過份汙辱人爲原則，這點必須謹記。

批評人格最是要不得

說話技巧好的人，必定懂得察言觀色，當對方勃然動怒時，能夠為自己找個台階下，化解緊張的火爆氣氛。

美國群衆心理學家巴克博士．在所著《內在的敵人》一書裡，曾探討過夫妻爭吵的原因。他以兩百五十對夫婦作抽樣調查樣本，研究爭吵時所用詞彙，發現其中最容易激怒對方的戰略，莫過於分析並侮辱對方的人格。

以下是巴克博士所舉的實例：

妻子：「我知道，你又在開玩笑了！」

丈夫：「絕不是開玩笑，我最了解我自己。」

妻子：「我才不相信，我最了解你，看來人模人樣，實際上真不是東西。」

這段對話針鋒相對，充滿火藥味。

這位太太如果真說中了對方的瘡疤，她的丈夫必定暴跳如雷，因為「真不是東西」的辱罵，天下沒有幾個人能忍受得了。

凡具有破壞性的口角戰略，通常會遵循下列程序進行：

一、限制對方的性格。

二、互相批評對方的人格。

三、相互的人格破壞，而將對方擬物化。

當然，這原則不只限於夫妻吵架，擴大到其他較長時間接觸的人與人之間，也常常發生。

大企業的管理人員都會記得時時提醒自己，避免說出「你的特性是……」、「你天生就……」這類話，以免引起部下的反感。

人性的缺點之一，就是深信「江山易改，本性難移」，因此總是善於原諒自己，惡於寬恕他人。

這種情況下，一旦被人掀開底牌，受到刺激，那股創痛，豈能忍受得了？

世界各地殺人案件都有逐漸增加的趨勢，尤其在美國的大都市如紐約、舊金山等地，更是駭人聽聞。以紐約爲例，曾經在短短六個月之內，發生了一千三百四十六宗謀殺案。

心理學家分析，這些不幸事件之所以發生，多數都是由於被害者使用了惡毒的話語，成爲悲劇發生的導火線。

例如，有被害人用最刻薄的方式對加害人說：「你這個沒出息的東西，一個大男人竟然連老婆也養不活，還欠下一屁股債！」

這句話非常嚴重地傷害了這名加害人的自尊，因而從一開始的憤怒、不安，逐漸轉變爲緊張、激動，最後瘋狂地舉刀殺人，符合心理學上「心理慘遭挫敗，導致行動發洩」的理論。

當自尊遭到無情傷害，如果不能以較緩和的行動排除蓄積在胸中的忿怒，心理上的強力挫敗將可能轉爲一股強勁的憤怒，導致喪失理智，做出傻事。

遇到這種狀況，應設法疏導，化乖戾爲祥和，避災禍求平安。

說話技巧好的人，必定懂得察言觀色，當對方勃然動怒、怒火中燒時，爲自己找個台階下，化解緊張的火爆氣氛，不讓彼此的關係繼續惡化下去。

和性格敏感的女孩子講話，更應格外地慎選措詞、用語。女性大都非常不能忍受傷害自尊心的話語，若對方眞的長得不好看，「妳長得蠻漂亮」這種近於諷刺外貌的話便絕對不能說，要避免談及美或不美的問題。

如果眞的沒辦法閃避類似話題，不如單刀直入：「妳雖然長得並不漂亮，可是相當迷人，妳的談吐、妳的舉止，在在都令我著迷。」

說話的時候，要注意避免觸及可能傷害他人自尊的敏感話題，萬一不小心點到，則要儘快設法緩和氣氛，如此才能讓社交場合的氣氛更加圓融美好，人際關係更爲和諧。

PART 6

說話繞個彎，更討人喜歡

話中有話，是高明的待人處世方式之一，

學會將說出的話繞個彎，

才不至於衝撞別人，更能討得他人的喜歡。

懂得批評，才能發人深省

批評要講究方法，如果只是無意義的謾罵與指責，問題永遠無法解決，反而還會影響自己的人際關係。

每個人都會犯錯，這是難免的。到底要用什麼樣的批評方式，比較能夠讓犯錯者虛心接受呢？

以下，介紹幾種容易被接受的「藝術性批評」：

• 請教式

有一個人在一處貼有「禁止捕撈」公告的水庫內網魚，見遠處走來一名員警，心想這下可糟了。不料員警走近之後，並沒有大聲訓斥他，反而和氣地說：「先生，您

在這裡洗網子，下游的河水豈不被汙染了？」

捕魚者大感汗顏，連忙誠懇地道歉離去。

當犯錯者發覺自己的工作出現錯誤時，多會深感自責。這個時候，其實沒有必要再加以厲聲訓斥，用溫和的方式進行「冷處理」，效果反而會更好。

•安慰式

多從對方的角度考慮問題，真正體會他的用心。你很有可能會發現，站在對方的立場時，你恐怕也會犯下同樣的錯誤。

既然能意識到這一層，就應該注意保持平靜的心情，在給予批評的同時，也留些餘地，給予安慰。畢竟，批評態度過於蠻橫、激烈，很可能會使人生出逆反心理，收到反效果。

當然，你的安慰也應該要有個限度，切記明確你的態度，絕不可以留下鼓勵、勸勉的錯誤印象，那樣同樣無助於問題的解決。

●暗示式

批評本來就是一件令人不痛快的事，尤其是針對那些有「過分殷勤癖」的人。例如，有些秘書對自己的上司十分體貼，但不懂得拿捏分寸。當上司正集中精力、全神貫注地處理一份重要文件時，三番兩次地打擾。

這種時候，你可以告訴這位秘書：「我覺得王秘書不錯，安安靜靜的。」以另一位比較安靜的秘書作榜樣，透過兩相對照，下屬自會心領神會。用這種方法，不但使下屬保住了面子，也維護了自尊，同時了解自己的錯誤，可謂是「一箭雙鵰」的做法。

●模糊式

某公司為了整頓紀律，召開員工大會。董事長在會上說：「最近我們公司的紀律總體來說不錯，但也有個別人表現較差，有的遲到早退，也有的在上班時間聊天……」

這就是典型的模糊式批評。這位董事長用了不少模糊語言，例如「最近」、「總體」、「個別」、「有的」、「也有的」等等。這樣一來既顧全員工的面子，又指出了問題。這種說法，效果往往比直接點名批評還要好。

●說服式

大多數的批評者，往往把重點放在提出對方「錯」的地方，卻不能清楚地指明應該怎麼做。例如，有的人批評時喜歡說：「你非得這樣做不可嗎？」這是一句廢話，因爲它沒有絲毫實際內容，只純粹表示了個人的不滿意，並造成對方的心理壓力，不利於解決問題。

在指責的同時，也應該指出如何做才是正確的，這樣才更具有說服力，能使被批評者心悅誠服地接受，積極主動改正錯誤。

指出別人的缺點時，氣氛總是很緊張，在緊張的氛圍中把握好說話的分寸，往往又比較困難。批評別人的時候，該怎樣做才能既不傷害對方，又不至於因引起對方的反感而傷害到自己呢？

接下來，提供幾個具體有效的策略：

●先褒後貶

首先表揚對方，以此營造批評的氛圍，能讓對方在愉悅的讚揚同樣中，愉悅地接受批評。人們都有這樣的心理慣性，先聽到別人對自己的某些長處的表揚，再聽到他的批評，心理上會比較不會生出排斥。

●先貶後褒

先在個別問題上給對方嚴厲的批評，然後在主流問題上給予充分讚揚。這種方法同樣能使被批評者感動，收到與先褒後貶一樣好的效果。

●幽默調侃

「法蘭西思想之父」伏爾泰手下，曾經有一個非常懶惰的僕人。

一天，伏爾泰要這僕人把鞋子拿過來，對方照做了，但鞋上面佈滿了汙泥。伏爾泰於是問道：「你怎麼不把它擦乾淨呢？」

「用不著擦吧？先生。路上都是汙泥，兩個小時以後，您的鞋子又會和現在一樣髒。」

伏爾泰沒有講話，穿上鞋，微笑著走出門去。僕人趕忙追上去說：「先生慢走！鑰匙呢？餐廳的鑰匙，我還要吃午飯呢！」

「喔，用不著吃吧？反正兩個小時以後，你又會和現在一樣餓了。」

伏爾泰巧妙地運用幽默的話語，批評了僕人的懶惰。

在批評別人的時候，使用富有哲理的故事、雙關語、生動的比喻等幽默話語，可以舒緩對方被批評時的緊張情緒，啟發思考，甚至增進相互間的感情交流。這樣的批評方法，不但能達到教育的積極目的，同時還可以創造出輕鬆愉快的良性氣氛。

•自我批評

一個孩子不愛唸書，老是翹課，恨鐵不成鋼的母親拿起棍子就要打，旁邊的父親見狀，一邊阻止妻子，一邊對孩子說：「小時候，我和你一樣頑皮，就知道玩，不懂得讀書的重要。後來才體會到，不好好唸書，長大以後要付出更多的努力。現在不懂得把握機會，以後再後悔就晚了，你懂嗎？」

作爲長輩，這位父親勇於把自己曾經的過錯暴露在孩子面前，但他的目的又不在於做自我檢討，而在於以自己的感悟來教育孩子。借己說人，讓我們看到了融自我批評於批評中的魅力和力量。

批評要講究方法，如果只是無意義的謾罵與指責，問題永遠無法解決，反而還會影響自己的人際關係。

說話繞個彎，更討人喜歡

話中有話，是高明的待人處世方式之一，學會將說出的話繞個彎，才不至於衝撞別人，更能討得他人的喜歡。

待人處世時應該坦誠，不說假話，但在人際交往中，有些話卻不可以直接說出口，否則很容易傷人傷己。

東方社會與西方社會不同，人的行爲模式比較特殊，最明顯的一點，就是「意在言外」了。嘴上說喜歡與人直來直往，內心卻往往不眞正喜歡。

提出某種要求，聽見對方回答「不」，未必眞的代表拒絕，很可能只是礙於面子，需要藉拒絕表示客氣、客套、禮貌。此時，只要不死心地再提一次，對方可能就同意了。

同樣的道理，人家說「好」，也不一定就表示真心同意，或許只是不願當面給你難堪。

要想獲得成功，學會說話辦事，就必須懂得察言觀色，善加分辨，認清並巧妙地運用「眞心」與「客套」。

說話時，最好聰明地拐個彎，千萬不要信口直說。每個人都有自尊，需要面子，直來直往容易傷別人的自尊，使人心中不愉快，導致造成雙方關係破裂，甚至反目成仇。

朱元璋稱帝後，要冊封百官，但看完名冊，心裡犯起了愁。功臣有數，但親朋不少。要封，無功受祿，恐怕群臣不服；不封的話，面子上過不去。

軍師劉伯溫看出了皇帝的難處，但不敢直諫，一來怕得罪皇親國戚，惹來麻煩；二來怕朱元璋無法接受，落下罪名。不過，這畢竟是國家大事，不能視而不見，於是他想出了一個辦法。

他畫了一幅人頭像，人頭上長著好幾束亂髮，每束髮上都頂著一頂烏紗帽，獻給

了朱元璋。

朱元璋接過畫，細品其味，忽然哈哈大笑道：「軍師畫中有話，乃苦口良藥。真可謂人不可無師，無師則愚；國不可無賢，無賢則衰！」

原來，劉伯溫畫中的意思，是「官（冠）多法（髮）亂」。此舉，不但不傷朱元璋的面子，沒有觸犯龍顏，還道出了諫言：官多法必亂，法亂國必傾，國傾君必亡。

話中有話，柔中有剛，是高明的待人處世方式之一，使聽話的人懂得弦外之音，達到預期目的。學會將說出的話繞個彎，如此才不至於衝撞別人，更能討得他人的喜歡。

某甲是一家公司的中級職員，卻一直升不了職。和他同年齡、同時進公司的同事，不是外調獨當一面，就是成了他的頂頭上司。另外，雖然大家都稱讚他人很好，他的朋友卻不多，不但下了班沒有「應酬」，在公司裡也常獨來獨往，不大受歡迎。

歸根究柢，某甲的能力並不差，也有相當好的觀察、分析能力，問題在於他說話太直接，總是不加修飾，因而直接或間接地破壞自己的人際關係。

其實，「直話直說」是一種很可愛、很值得珍惜的特質，也唯有這種人，讓是非、眞僞，以及人的優缺點得以分明。只是也不可否認，在現實社會裡，「直話直說」有可能是人的致命傷。

「直話直說」是一把傷人又傷己的雙面利刃，有這種性格的人應當深思，並且建立新觀念，在待人處世方面，儘量減少直言指陳他人處事的不當，或糾正他人性格上的弱點。

「直話直說」往往無法產生太大的效用，因爲每個人都有一個內心堡壘，「自我」縮藏在裡面，「直話直說」正好把他的堡壘攻破，硬要把他從堡壘裡揪出來，他當然不會高興。說話，最聰明的是迂迴進攻，點到爲止。

婉言激勵更能展現積極意義

儘量使用溫和的態度面對你的批評對象，盡可能剔除情緒成份，學會藉由表情、態度、聲調增加批評語的積極效果，進而達到激勵目的。

批評他人時要講究技巧，不能一味譏諷、挖苦，傷害到人家的自尊心和面子，否則只會導致負面效應，無法發揮催人奮進、勸人改過的積極作用。

戰國時期，魏國吞併了中山，魏文侯便把這塊新侵佔的土地，分封給自己的兒子。事過不久，他問群臣：「我是一位怎樣的君主？」

群臣齊聲答道：「仁君。」

不料，大臣任座卻大聲地說：「您得了中山，不封給自己的弟弟，卻封給了自己的兒子，怎麼能說是仁君呢？」

按照當時的禮儀，這樣的地方都應封賞給君主的兄弟，魏文侯這樣做，顯然不合禮儀制度。

魏文侯聽了大怒，任座得罪了君主，只得急忙逃離魏國。

後來，魏文侯又問大臣翟磺同樣的問題，翟磺回答說：「您是仁君。」

魏文侯追問：「你為什麼這樣認為？」

翟磺說：「我聽說，君主寬厚，大臣就耿直。任座說話那麼坦率，這足以說明您是一位仁君。」

魏文侯聽了，又喜又羞，趕緊叫翟磺把任座請回來，並親自下堂迎接，待為上賓，將中山改封他人。

大臣任座批評魏文侯時，不注意方式，快人快語，說了刺激君主的話。兩相比較，翟磺顯然很懂得批評的藝術，寓貶於褒，表面上聽來是稱讚文侯，實際上隱含著批評，既間接地提點了不妥行爲，又沒有傷到魏文侯的尊嚴，還使他猛然醒悟。

對方有了缺點或犯了錯誤，最忌一味地橫加批評、講刺話，這種方式十分不妥當，免不了傷害對方的自尊與自信。

此時，倒不如換種語氣，換句說法，比如：「從今以後，你自己要多加注意」，或者「我想，下次你一定不會再犯這樣的錯誤了」……諸如此類。對方聽了，不僅感激你對他的信任，同時還會感受到你的眞誠，更重要的是，由此下定了改正錯誤的信心與決心。

儘量使用溫和的態度面對你的批評對象，盡可能剔除情緒成份，學會藉由表情、態度、聲調增加批評語的積極效果，進而達到激勵目的。

對話是傳接球，不是躲避球

人都是以自我為中心的，根據這個基礎，你可以調整談話內容。當別人的嗜好跟你不同時，討論他們感興趣的話題，絕對更有利。

與陌生人初次見面時，往往會問及「你是哪裡人」、「你在哪裡工作」、「你是哪間學校畢業的」……等問題。

這種行爲的目的，就在尋找彼此交談的共同點。

比如，當你知道了對方的家鄉後，可以說：「哦！原來是那裡啊！那個地方我曾經去過。」這樣一來，對方心中馬上就可能產生親切感，你與他在心理上的距離將隨之縮短。

難道不是嗎？試想，當碰到自己的同鄉或校友，即便雙方不過初次見面，是不是也會有種不一樣的親切感呢？

從事推銷工作的孟先生，每當與人交談不那麼順利時，都會巧妙地將話題轉向對方的家庭或孩子等方面。

有一次，他接待了一位表情冷淡、不苟言笑的客戶。談到一半，孟先生忽然話鋒一轉道：「令郎現在讀小學五年級了吧？」

聽到這句話，那位客戶立刻從嚴肅轉為和藹，笑著回答：「你知道得很清楚啊！那小傢伙可調皮了！」

氣氛因為這句話而改變，接下來，兩人的談話順利了很多。以孩子作為話題，孟先生成功地達成了「情感交流」。

當別人對你的話題產生興趣，並且願意參加你的談話，你就有了與他對話的機會。說話，如同玩接球遊戲，不應該是單向的。假使有人漏掉了這個球，必然會有一段難堪的時刻。

一些年輕學生常常提及，他們與情人約會過程中，不能保持生動的對話。事實上這並不難，只要提出一些使談話得以繼續進行的話題，就可以了。

人都是以自我為中心的，根據這個基礎，你可以調整談話內容。當別人的嗜好跟你不同時，討論他們感興趣的話題，絕對更有利。

滿足自己的自尊心之前，先滿足別人的自尊心吧！

給予越多，我們就變得越理智；為別人考慮越多，別人為我們考慮也越多。尊重他人，自然能贏得更多的尊重。

別急著拋談話的球，先找到有心接受的人再行動吧！拋球的技術越好，參與的雙方越投入，遊戲就越有趣。

說服的關鍵，在於口才表現

適度的自我宣傳與推銷，輔以具緩和作用的幽默感，使一切在親切融洽氣氛中進行，是達成交易的最理想情境。

顧名思義，凡是「說服」行動，必定跟語言脫不了關係。事實也確實如此，我們可以說，說服的關鍵正在於口才表現。

●怎樣發揮「攻心」效應

一家銷售名貴珠寶的銀樓，一早開門不久，便走進一對華僑夫婦。夫人看中了一隻相當華美的鑽石戒指，從女店員手中接過之後看了又看，顯然是愛不釋手。但當她看清標價後，便搖了搖頭，顯現出為難的樣子。

夫人說：「好是好，就是……」

女店員一聽，心下會意，馬上接口：「夫人，您真有眼光，這戒指確實漂亮，但相對的價格也高。上個月，市長夫人來到店裡，也同樣看上了它，非常喜歡，但因為價錢問題，終究是沒有買下。」

這時，那始終沉默的先生開口了：「小姐，真有這樣的事情嗎？連市長夫人都喜歡這個戒指？」

女店員當即點了點頭，只見先生考慮了一下，說：「小姐，請開發票，我要買下這個戒指。」於是，這枚放在店裡兩年始終未能售出、價格昂貴得驚人的鑽石戒指，終於順利成交。

這個例子之所以成功，訣竅正在於巧妙運用了語言的「攻心」效應，以堂堂市長夫人也未能買下的消息為「誘餌」，激發那名華僑先生「求名」的心理慾望，達成交易。

• 進行自我宣傳與自我推銷

人們在自我誇耀時，總多少感到左右爲難，希望表現自己，讓別人賞識，同時又害怕被別人認爲自誇自大，一點不懂得謙虛。

在東方社會，長久以來的道德標準認定謙讓是美德，可隨著時代變遷，社會競爭日趨激烈，「自我推銷」顯得越來越重要。

學會適度自誇是相當重要的才能，而在進行自我誇耀時，首要就是表現幽默感，務求讓別人在笑聲中接受。

自誇並不可恥，而是一種宣傳，畢竟廣告是所有商業行爲的基礎。但是，如果採用過分或低俗的方式自我炫耀，就會招致反感。因此，自我宣傳和自我誇耀首先應具有適度的幽默感，並保持在適當程度。

例如，日本的「丸牛百貨公司」，有一句相當幽默的廣告語：「除了愛人，什麼東西都賣給你。」

• 說服顧客是盈利的關鍵

不管在哪一行業，說服客人的能力都是非常重要的經營之道。以下是幾則小笑話，開懷之餘，也請你細細品味對話中的奧妙：

有位為自己身後事著想的老人，來到一家葬儀社，打算預購棺材。店主一聽，很熱心地向他介紹各種價格不同的棺材。

聽了半天之後，老人忍不住詢問店主：「請問一下，三十萬元的和兩萬元的，究竟有什麼不同？」

「不同可大了！最明顯來說，三十萬元的棺材設計比較符合人體工學，內部有足夠的空間，可以讓你的手腳充分伸展。」

另一則笑話則與生髮水相關，是這樣說的：

一名客人聽了老闆大力介紹的某種強效生髮水後，疑惑地問道：「這……真的有效嗎？」

「當然啦！我的顧客當中，甚至有人連續用了五年啊！」

推銷的最大忌諱，就是激怒客人，因此可說幽默感是必備「武器」。適度可信的自我宣傳與推銷，輔以具備緩和作用的幽默感，使一切在親切融洽的氣氛中進行，是達成交易的最理想情境。

將說服看作最巧妙的藝術

一個微笑，一個伸腰擺手的動作，或僅僅挪動一下位置，都足以說明對方情緒與認知的轉變。

說服，即指透過說理，使對方理解並信服，是一種十分重要的語言藝術，若是無法達成，便不可能進行資訊溝通，更別說是達到銷售、推薦的目的了。

說服的基礎，在於道理的清楚傳達，但這還不夠，因為對方不見得能夠認同，能夠信任，因此還需要其他技巧的幫助。

簡單來講，說服行為，實際上包括了以理服人、以情感人、以利誘人、察言觀色這四個方面。

•以理服人

要做到以理服人，首先自己要明理，在行動前做好充分準備。

兩大必備要件之一，首要在講清道理，有條不紊地闡述事件的理論依據。講清道理的過程，也就等同邏輯思辨過程，哪些該先講，哪些該最後再講？哪些是重點，必須反覆不停地闡明？凡此種種，都要預先做好準備。

必備要件之二，就是例證。舉出大量實例以證明要說服的道理，可以收到相當的效果與力量，所舉的例子當然是越現實越好，最好是發生在生活周遭的眞人眞事，如此可信度更高。

說服的語言則應簡明扼要，把道理說清楚、說透徹就可以了，千萬不要囉嗦，更不要畫蛇添足。

說服時，宜採用謙和、商量的語氣，不要擺出權威的架勢。如果可以，盡可能提些問題，或鼓勵消費者提出問題，用以加強效果。

•以情感人

說服的語言應該是充滿情感的語言。銷售系統本身是一個群體，有關群體的心理現象，自然會在對內對外的交往中表現。推銷員若能帶著自豪與自信的感情來介紹商品，必然會感染顧客。

・以利誘人

介紹產品的優點時，應著重於價格、品質、特色、完善的售後服務等方面，進行全方位介紹，如果有同類產品，可以用比較法說明，以求更具體突顯自家產品或服務的優異。

・察言觀色

對方能否被說服，一則在於口才，另一方面還在於你能否抓住他的心理活動，有針對性地使用語言，以便使情理交替，收到雙倍效果。

如果拿捏得好，往往連持否定態度的人都能被說服。

說服開始的首要任務，在於透過肢體語言揣測對方的態度。

有一種人生來便喜形於色，很容易表現出自己的態度與情緒，因此好惡也非常明顯。也有一些人，不願意表現自己，傾向於將一切掩飾，但由於不夠自然，反而更將心內想法暴露無遺。眞正能夠做到不露神色者，畢竟是極少數。

對於比較壓抑、內斂、冷淡的人，採用開門見山的方式說服，效果往往不佳，不如先建立感情聯繫，運用自身魅力和口才，表現內心友好與誠意態度，拉近彼此之間的距離。

說服進行時，除了必須注意說話的內容，更要留心觀察神態表情的變化，一個微笑，一個伸腰擺手的動作，或僅僅挪動一下位置，都足以說明對方情緒與認知的轉變。

當然，如果對方毫無變化，甚至態度變得更壞，就要適可而止，寧願暫時不談或轉移目標，談些別的主題。

把說服當作一種藝術，把自己看成一個正在創作的藝術家，將有助於以更敏銳的感知探求對方的心理變化，從而眞正做到「見什麼人，說什麼話」。

為了達成目的，不妨拍拍馬屁

先表現得以對方利益為重，實際上自己才是真正得利者，這需要相當高明的技巧；處理得好，是聰明人，要是處理得不好，可就會變成愚人了。

好惡的影響力是非常強大，我們對於自己喜愛的人、崇拜的人、尊敬的人所提出的要求，必定特別難以抗拒；反之，對於我們討厭的人、憎恨的人、鄙視的人、反對的人，態度則會特別嚴苛。

從這個論點，我們就能充分了解到，爲什麼我們總是無法拒絕那些讓自己看起來比較順眼的推銷員，也會忍不住拿糖果輕哄連哭鬧都看起來很可愛的小孩。

討好，是爲了達到某種目的，讓步則是爲了側過身再繼續前進。所以，當我們有求於人的時候，我們就會想辦法討好與讓步，以期讓對方對我們產生好感，進而答應我們的要求。這就是人性，誰也難以規避。

唐代著名的文學家韓愈三十五歲到京城，擔任國子監博士（中央最高教育機構的教師），後來又被提升爲刑部侍郎（中央司法部門的副長官）。

當時佛教相當盛行，上至皇帝唐憲宗，下到平民百姓，幾乎人人都崇尚佛教。唐憲宗相當迷信，有一次聽說有座寺院裡安放著一塊佛祖釋迦牟尼的遺骨，便準備興師動衆，將之迎進宮裡頂禮謨拜。

自詡才識過人的韓愈覺得此舉非常不妥，於是寫了一篇《諫迎佛骨表》的疏文加以反對。其中提到，自從佛教傳入中國後，帝王在位時間都不長，特別是想拜佛求保佑的帝王，結局必然是悲慘的。

唐憲宗看了這篇疏表，當然十分惱怒，以爲韓愈不只是故意與自己作對，而且援用歷史來影射自己活不長命，憤而即刻要將韓愈處死。幸虧宰相爲韓愈說情，他才逃過一劫，改爲貶職，外放到潮州擔任刺史。

唐朝中期，中央統治權力已日益削弱。憲宗執政後，改革了一些之前的弊政，重

新強化了中央政權的統治。

遭貶至潮州的韓愈，爲了要重回長安政治中心，於是再次向憲宗上了《潮州刺史謝上表》，爲憲宗勇於革除時弊的措施極力歌功頌德，期望能重新得到憲宗的信任，早日返回到朝廷。

在這篇疏表中，韓愈極盡恭維之能事，稱憲宗是扭轉乾坤的中興之主，並且建議憲宗到泰山去「封禪」。

韓愈還在這篇疏表中隱約地表示，希望憲宗也讓他參加封禪的盛會，並說如果他不能參加這個千年難逢的盛會，將會終身引以爲憾。

唐憲宗看了充滿奉承阿諛的奏表，自然龍心大悅，後來終於把他調回京都，讓他擔任吏部侍郎（掌理全國官吏升降、調動等的機構的副長官）。

即使是自詡清流的韓愈，也免不了做出逢迎拍馬的行爲，只是格調看起來高了一點罷了，本質上還是一樣的。一直以來，唱反調的人，多半沒什麼好下場，自己說得嘴破、累得要命，別人卻聽不進去、氣得要死。

韓愈排佛，他認爲供佛造成迷信，而他對於這股由帝王本身帶動的歪風逐漸盛行感到憂慮，屢次上書進諫，終於惹怒了唐憲宗而遭到罷黜。然而，後來他又建議憲宗安排封禪儀式，似乎前後立場有點對立。

身爲人臣，固然是希望受到君長的重用，能發揮所長，爲國家效力。韓愈諫迎佛骨，是希望君王能以身作則杜絕歪風，但不爲憲宗所接受，所以後來改爲投其所好，讓君王龍心大悅，對他印象好轉，實在此一時，彼一時也。不過，人性本來就如此，倒也無可厚非！

有一句話這麼說：「以退讓開始，以勝利告終。」先表現得以對方利益爲重，實際上自己才是眞正得利者，這需要相當高明的技巧；處理得好，是聰明人，要是處理得不好可就會變成愚人了。

想使用這個方法的人，可得小心謹愼，以不顯露自己的意圖，方爲上策。

轉個彎，說話更簡單

分析顧客異議的真正根源、異議的性質、以及顧客類型，才可以取得退一步進兩步的效果。

間接處理顧客意見，是指推銷人員根據有關事實與理由，間接否定顧客異議的一種處理策略。間接處理法適用於因顧客的無知、成見、片面經驗、資訊不足與個性所引起的購買異議。

使用間接處理法處理顧客異議時，首先需表示對異議的同情、理解，或者僅僅是簡單地重複，使顧客心理得到暫時的平衡，然後再轉移話題，對顧客的異議進行反駁處理。

因此，間接處理法一般不會冒犯顧客，能保持較爲良好的推銷氣氛，而重複顧客異議並表示同情的過程，又給了推銷人員一個躲閃的機會，使得到時間進行思考和分析，判斷異議的性質與根源。

間接處理法使顧客感到被尊重，被承認，被理解，雖然異議被否定，但在情感與思想上可以接受。使用間接處理法處理顧客異議，比反駁法委婉些，誠懇些，所收到的效果也更好。

但在應用間接處理法時，應注意以下幾方面的問題：

第一，間接處理法不適用於敏感、固執、自我個性強、具有理智性購買動機的顧客，亦不適用於探索性、疑問類的顧客異議，而只適用於武斷性、陳述性的顧客異議。

第二，推銷人員不能直接否定顧客異議，更不能直接反駁，這是間接處理法的要求與實質性的優點。

間接處理法要求推銷人員首先避開顧客來勢迅猛的異議，然後轉換角度，改變方

向，再間接地反駁。

第三，推銷人員應注意選擇好重新說服的角度。

間接處理法的成功關鍵，在於避開顧客異議後，從什麼角度，以什麼思維方法，用什麼內容及重點重新開展推銷說明。這正像拳擊手避開攻勢後，必須研究並選擇重新進攻的方法及出擊的部位一樣。

推銷人員應認眞利用重複與肯定顧客異議的機會，進行分析思考，分析判斷顧客異議的眞正根源、異議的性質、以及顧客類型，然後，針對顧客的無知、顧客的主要購買動機、以及購買目的，就推銷產品的主要優點等等開展重點推銷。只有這樣，才可以取得退一步進兩步的效果，不然可能導致新的異議產生，事倍功半。

第四，推銷人員應圍繞著推銷的新要點，提供大量資訊。

由於前段推銷已導致顧客產生異議，所以在轉換推銷方向後，應圍繞重新選擇的推銷要點，再次提供資訊，重新揣摸顧客思維和心理活動規律。

重點推銷可以克服間接處理法的局限性，後續資訊的內容及數量，是間接處理法取得成效的關鍵。

第五，注意轉換詞的選配。

怎樣轉換話題是有效使用間接處理法的一個重點，爲了使推銷活動與顧客的思維出現轉折，可以用的轉折語有很多，如「但是」、「不過」、「然而」、「除非」、「誠然」等等，其中「但是」用起來語氣最生硬，讓顧客聽起來不舒服，最好避免。所以，推銷人員爲了防止間接處理法的局限性，以及可能引起的不滿情緒，應針對不同的顧客，注意選用不同的轉換詞，儘量做到語氣委婉，轉折自然。例如在說了「您的看法有一定道理」後，可以續加的詞語有「而且我還可以補充」、「假如……其實還可以……」等等，效果會更好。

但是必須切記，沒有任何一種方法是萬靈丹，無論如何都得保持彈性，以見什麼人，說什麼話爲最高原則。

PART 7

說話能力
決定你的競爭力

與其說推銷語言是一門技術，

倒不如說是一種藝術，

因為一句話可以讓人跳，也可讓人笑。

說話能力決定你的競爭力

與其說推銷語言是一門技術，倒不如說是一種藝術，因為一句話可以讓人跳，也可讓人笑。

美國口才專家鮑特說：「在注重自我行銷的商業社會裡，說話已經成為專門藝術，說話的能力決定一個人做成多少生意。」

的確，具有良好的口才，表達能力強又彬彬有禮的人，必然是商場上的常勝軍。如果你想成爲成功的傑出人士，就必須掌握「把話說進心坎裡」的應對藝術，鍛鍊自己的說話能力。

口才是現代社會必備的競爭資本，「站在對方的角度說話」更是商業社會的成功之道，唯有具備良好的說話能力，才能在商業社會遊刃有餘。

在你看來，高明的語言應用是技術，還是藝術？

一位剛進入某百貨公司服裝專櫃任職的女店員，雖然工作之時笑容可掬、和氣親切，業績卻始終不怎麼樣。

她始終不明白，為什麼經過的人多、看的人少，更糟糕的是，往往她一開口介紹，連那些挑挑揀揀的人都馬上放下衣服離開。

主管也同樣感到疑惑，特地找一天前來專櫃實地了解。

不久，一位衣著時髦的少婦走來，對著穿在模特兒身上的洋裝，躊躇再三，似乎有些心動。那位專櫃小姐一心想要趕快促成生意，便上前說：「這件衣服銷路很好喔！光是今天一早，就賣掉了好幾件。」

沒想到適得其反，那位少婦一聽，扭頭就走，心想既然大家都買，要是穿出去撞衫多麼尷尬，還是算了吧！

一段時間之後，又來了一位中年婦女，拿起一件設計新潮的背心，似乎相當中意。專櫃小姐見狀，馬上又勸說：「這件衣服很有特色，一般人恐怕還穿不了呢！上市之後，一件都沒有賣出去，看來就是適合您這樣的人啊！」

那位中年婦女一聽，竟以為對方在挖苦自己，立刻漲紅著一張臉，氣鼓鼓地快步離開。

爲什麼這位敬業的專櫃小姐做不成生意呢？說穿了，就在於說話技巧太差，完全不懂得「站在對方的角度說話」。

若是無法摸清顧客心理，不能因人而宜、恰如其分地打動人心，絕對不可能達到理想成績。言語的影響力遠比想像來得大，可以說，一件商品或一項服務的加分減分，往往都與售貨員的說話技巧脫不了關係。

身爲服裝專櫃的售貨員，若是逢人就說：「這件衣服您穿上去，一定更顯年輕。」或許可以滿足部份顧客的虛榮心理，但也可能不知不覺中得罪部分實際年齡並不大的顧客。

所以，與其說語言的運用是一門技術，倒不如說是一種藝術，因爲一句話可以讓人跳，也可讓人笑，端看運用是否高明。

如果不能掌握顧客的心理，不能針對他們的需求切入，無法做到「見什麼人，說什麼話」，便難保不會說出「讓人跳腳」的糊塗話。

面對不同的景況和不同的交談對象，運用最正確的說話態度和語言技巧，往往可以幫助我們快速達成目的。相反的，如果無法掌握說話藝術，非但浪費唇舌，無法達成自己想要的目的，還可能造成彼此誤解，衍生不良後果。

不要以爲說話沒什麼了不起，口氣往往決定你的運氣。細心研讀並靈活應用說話藝術，會增進你的競爭力，使你成爲一個精明的商人、出色的推銷員、成功的企業家，談成別人談不成的大生意。

只要時常模擬現代社會中各種常見的場景，勤加演練，就能用正確的方式增強自己的應對能力，增添自己的魅力與說服力。

用不著痕跡的方式做生意

只一味抱持促銷態度，將使得雙方對話無法成立、延續，甚至讓顧客產生反感。如此一來，想當然爾，什麼生意都做不到。

曾有一位經驗老到的推銷員這樣說：「顧客的鈔票，正是最佳推銷員的『選票』。身為一個推銷員，能賺的錢越多，便說明你越出色。」

然而，賺錢不是一件容易的事情。從別人的口袋裡掏錢，總是會讓對方產生心痛的感覺。所以，一個真正出色的推銷員，要能夠利用心理戰術，使顧客心甘情願地掏腰包。

設身處地想想，若是你在觀光時順道前往一家商店，才踏進門，所有店員馬上一擁而上，拿出最昂貴的商品七嘴八舌推銷，必定會讓你內心產生被強迫購買的反感。店員越是熱心，可能激起的反感就越是強烈。

這種推銷能產生好效果嗎？

答案絕對是否定的，非但達不到目的，還會適得其反，嚇得顧客從此不願再踏進店內一步，四處告訴別人自己的慘痛經驗。

身爲店員，究竟該怎麼「下手」才好？

此時，店員與顧客的對話，應該離開「推銷」兩字，轉而由一些比較輕鬆的、和旅遊相關的、可以引起愉快回憶並且拉近彼此距離的事情下手。例如，詢問顧客這一趟打算玩幾天、計劃在什麼地方過夜、將拜訪哪些名勝古蹟……等等。

對話可以如此開始：「您是什麼時候出發的啊？打算玩幾天呢？唉呀！既然都大老遠來到這個地方，去了那座最有名的山沒有？還有，我們這裡最好吃的名產也別忘了帶上一點回去，無論是當紀念或者贈送親友都……」

你會驚訝地發現，從旅行時的樂趣切入，成功的可能性比一味猛推銷要高得多。

店員能打開顧客的話匣子，而顧客的樂趣、興奮也可傳遞出來，引起彼此共鳴。

透過交談，不知不覺達成推銷目的，是非常高明的方法。

或者，也可以用「建議」方式著手，向顧客說：「住七天啊？那您的東西可得妥善分類裝好才行。這個小包正好適合呢！下車欣賞景點的時候可以裝所有隨身物品，還有足夠空間，就算買了紀念品也不用擔心放不下。」

如此，不僅皮包、皮箱和一些輕便隨身小包可望賣出，其他關聯性商品也能搭「順風車」出售。

如果你從事銷售業務，那麼就應該以正確觀念導正自己的做法——只一味抱持促銷態度，將使得雙方對話無法成立、延續，甚至讓顧客產生反感。

如此一來，想當然爾，什麼生意都做不到。

站在對方的立場說話，才是最恰當的銷售方法。畢竟，得先讓別人愛聽你說的話，才可能進一步達到自己的目的，不是嗎？

喊出名字是關係建立的開始

讓陌生人成為朋友，以言語打動他人的兩大原則，就是記住對方的姓名，並真心付出關懷。

人類行爲雖複雜，其中卻包含一個極重要的法則，遵從這個法則行事，就不會惹來棘手的大麻煩，甚至可以得到許多友誼和快樂。

這個永恆不滅的法則，就是「時時讓別人感覺自己的重要」。你若是能準確投合人性最深刻的渴求，就等同在對方的感情帳戶內，存入更多有利於生意成交的資本。

這些人際應對法則，運用到商業經銷領域，重點很明確，就是「讓顧客感到自己備受重視」。

達到這個目的的方法很多，最重要是由兩個面向著手：

●記住名字

名字象徵的意義，不僅僅是表面上的代稱，喊出對方的名字，會讓對方感覺聆聽到世界上最悅耳的音符。

可以說，名字是構成個人身份和自尊最不可或缺的要素。人性天生的本能告訴我們，那些能夠記得自己名字的人，一定相對較重視自己。

所以，要想以言語敲開他人緊閉的心門，與很難打交道的客戶建立關係，最簡單也最有效的辦法，就是記住他們的名字。

每當和陌生人或潛在的事業夥伴進行接觸，一定要想辦法探聽出對方的名字，而且務求正確。然後，在談話過程中，你要盡可能地讓自己一有機會就提及他的姓名，以強調對他的重視。

聰明的人懂得見什麼人說什麼話，而毫無疑問，自己的「名字」是人人都愛聽的話。

發萊是一個沒受過中學教育的人，四十六歲那年當上了美國民主黨全國委員會主席，成功地幫助羅斯福登上美國總統的寶座。

他的成功秘訣是什麼呢？

出乎意料，答案竟在於「能夠叫出五萬人的名字」。

無論什麼時候，只要遇到不認識的人，他都會問清對方的全名、家裡人口、職業以及政治傾向，然後牢牢記住。

下一回再遇到那個人，即使已經過了很長一段時間，仍能拍拍對方的肩膀，問候他的妻子兒女，甚至後院栽種的花草。

做到這種地步，有那麼多選民願意追隨，也就不足爲怪了。

李小姐是一位經驗老到的業務員，剛剛接手一個地區的業務，立刻前往拜訪一位可能的客戶。

走進某企業的辦公大樓後，她直接找到總經理辦公室，非常自信地走向秘書小姐，伸手說：「您好，敝姓李，請問您是？」

秘書小姐自然不得不伸出手說：「我姓張，請問您有什麼事？」

一來一往之間，李小姐巧妙地得到了對方的名字，並在接下來的談話中不斷提及，立刻讓秘書小姐有一種受到重視的感覺，之後，再請她幫忙安排時段，引見總經理，也就容易許多，甚且順理成章了。

無論你是推銷員或業務員，或者店員，在和陌生人打交道之前，請千萬記住——沒有什麼比記住顧客的名字更重要。

•真誠關心

《伊索寓言》中有一句名言：「太陽的溫和炎熱，要比驕傲狂暴的北風，更容易脫去行人的外衣。」

所有在商業社會活動的人都必須認清，顧客絕對不是敵人，更不是討厭的傢伙，而是自己的朋友，或者更直白一點形容，就是自己的「衣食父母」。所以，要做到的很簡單，就是把焦點從「我」轉到「您」身上，把每一個和自己交談的陌生人都當作「朋友」那樣關懷，體會他的喜怒哀樂，解決他的問題，滿足他的需求，說他喜歡聽的話。

只要讓對方覺得你是眞心對他好，當然會讓你得到應有回報——一筆成交的生意和眞正發自內心的感謝。

關心別人，並讓別人明確感受，必須做到：

1.真誠自然地對他人心存感激。

2.來到任何一個環境，都不忘向在場的每一個人打招呼。

3.用熱誠、有精神的態度向人致意。

4.設身處地去了解、體會對方的困難與需求。

5.投入時間與精力，為他人多做一些事。

比如，一位孤身在外闖天下的人，常常會在假日或節慶時感覺寂寞孤單。那麼，多打幾次電話，或者請他出來參加聚會，將有如雪中送炭般，足以讓他銘記在心裡。

如果你聽到客戶驕傲地談起孩子在繪畫比賽中獲獎，下次見面前，不妨挑一本好的畫冊或一盒好的顏料作爲禮物餽贈，一點小小心意，將是最好的恭維。做到這種地步，還怕對方拒你於千里之外嗎？

關懷是一條雙向道，在付出的同時得到收穫。

你的誠摯關懷將會如同一股暖流，不斷灌入對方的心田，讓友誼的種子生根發芽，結出令人欣喜的果實。

讓陌生人成為朋友，以言語打動他人的兩大原則，就是記住對方的姓名，並真心付出關懷。

遭到拒絕，不必太氣餒

口氣決定你的運氣，想成功達成目的，不僅要從對方的角度切入，還要有辦法配合場合，說出最適合的話，這才是真正高明的境界。

「成功的銷售，從拒絕開始。」

別懷疑，這句話一點都沒錯，世界上本就不存在不會遭到拒絕的生意。不管產品品質多好，不管說明多麼詳盡，也不管你的推銷技巧有多麼高明，都不可能徹底打動每一個人，恰好滿足他們的需求。

即便是有意願的顧客，在決定購買之前，仍多少免不了產生懷疑、猶豫不決、困惑之類的情緒。這就是決定銷售是否成功的關鍵，一個好的推銷員、精明的業務員，會馬上看出讓顧客猶豫的原因，並展開進一步說明。

他們懂得站在對方的立場說話，把話說進對方的心坎裡，同時也會視狀況說出能夠滿足對方需求、解答疑惑的話。

但如此就保證成功了嗎？事實上也並不這麼單純、容易。

因此，若遭受拒絕，不論對方態度是多麼的強硬甚至無禮，你都要告訴自己，不可就此被擊倒，反而應該感到高興——無論如何，自己的銷售技巧總是又向前邁進了一步。

潛能大師傅思．崔西曾經說過：「成功銷售所遇到的拒絕，往往會比失敗的銷售所遇到的多出兩倍。」

那麼，該如何應對拒絕呢？

應該遵守以下兩大原則：

● 用心傾聽

讓顧客輕鬆且盡情地表達反對意見，你才有機會找出被抗拒的原因。

● 表示尊重與讚美

對於顧客的拒絕，千萬不要馬上顯得喪氣或憤怒，而應該說：「這是很好的觀點，非常感謝您能提出來，我們會繼續檢討。」

遭到拒絕之時，千萬不要喪氣，而要據此找出自身弱點，調整銷售策略或表達方式，謀求改進。

處理顧客拒絕或反對意見的話術，可以有以下幾種：

1. 我非常能理解您的感受，最開始，我跟您有同樣的感覺。
2. 您說得非常有道理，不過……
3. 請問，您為什麼會有這樣的感覺呢？

當面對拒絕，應秉持五種正確的應對態度：

1. 不把拒絕當作否定，而看作經驗學習。
2. 不把拒絕當作損失，而看作改變方向所需要的有效回饋。
3. 不把拒絕當作痛苦，而看作是自己講了一個笑話。

4. 不把拒絕當作懲罰，而看作是練習技巧並完善自我的機會。

5. 不把拒絕當作受挫，而看作成交前不可少的一部分。

口氣決定你的運氣，想成功達成目的，不僅要從對方的角度切入，還要有辦法配合場合，說出最適合的話，這才是眞正高明的境界，也是値得所有在商場奮鬥的人努力的目標。

讚美，讓語言更甜美

善用語言的藝術，可以有效提升自己的推銷技術，鞏固人際交往，但也要小心別誤觸對方的「地雷」。

美國總統林肯曾說：「每一個人都喜歡被讚美。」

身為一位店員或推銷員，或者企業經營者，只要你想做成生意，那麼看到客戶所做的某一件事或所得到的成就值得讚美時，一定要馬上提出來，並且告訴他們，你非常欽佩與讚賞。

要知道，對顧客的成就、特質、財產所做的所有讚美，等同提高他的自我肯定，讓他更感到開心，並增加對你的好感和滿意度。

說一些讚美的話，用不了太多時間與太多精力，可以達到的效果卻超乎想像。不過幾秒鐘的時間，人與人之間的關係與情感就能夠大大增進，甚至是一百八十度的完全扭轉。

眞心的讚美，可以由以下幾種方式著手：

1. 稱讚顧客的衣著。

「我很喜歡你的領帶，搭起來眞有品味。」

「你穿這件毛衣眞好看，襯得氣色非常好。」

2. 稱讚顧客的孩子。

「您的兒子眞是可愛，而且非常懂事呢！」

「您的女兒好漂亮，她今年幾歲啦？上幼稚園了嗎？」

3. 稱讚顧客的行為。

「對不起久等了，謝謝您的體諒，您眞是有耐心。」

「自備購物袋嗎？唉呀！您眞是太有環保概念了！」

4.稱讚顧客自己擁有的東西。

「這輛車保養的眞好啊！出廠很多年了嗎？完全看不出來呢！」

「從這頂帽子看來，您一定是洋基隊的忠實球迷吧！」

以上幾種形式的讚美，往往可以讓顧客感到高興，進而建立起自己的好形象。另外，讚美時，要注意以下細節，避免收到反效果：

1.必須要有實際內容。

沒有實際內容的讚美，聽來會像是嘲弄。比如只說「您好偉大喲」，卻不說原因爲何，就顯得酸溜溜，容易令聆聽者不快。

2.從細節開始。

與其只說某件衣服很漂亮，不如明確地說出漂亮在哪裡，例如「這身衣服很好看，尤其是下襬剪裁，很有修飾身材的效果」，就是一種高明的稱讚。

3.切合當下的環境。

若當時天氣很熱，顧客因爲衣服穿得太多而猛冒汗，一臉狼狽，你就絕對不能說：「哇！這件衣服多漂亮啊！」

人性共同的弱點是期望獲得別人讚美、欽佩、尊重，因此，說話的最高藝術，就是運用口氣替自己創造運氣。

只要你掌握這些人性的共同弱點，將自己的話語裹上一層糖衣，既可以激發對方內心潛在的慾望，更可以滿足對方渴望獲得認同的心理，順利地達成自己的目的。

善用語言的藝術，可以有效提升自己的推銷技術，鞏固人際交往，但與此同時也要小心，別觸犯那些顯而易見的禁區，或誤踩對方的「地雷」。

多問，釐清對方心中的疑問

無論是單純的疑問或者別有深意的反問、激問，都能協助你釐清顧客的想法，找出導致推銷困難的問題所在。

推銷，簡單來說，就是主體（主動展開推銷的人員）與對象（接受推銷客體者）進行雙向交流的過程。

而在過程中，經常可以發現有些顧客會不加思索地拒絕，根本連接觸都不願意，因此「推銷是從拒絕開始」絕對半點不假。

身爲一個推銷員，遇到這種情況，該怎麼辦呢？

眞正稱職且高明的推銷員，不應「退避三舍」，而應「迎難而上」，這種時候，巧妙設問的技巧，就成了掌握成敗的關鍵。

提問，可以消除雙方的強迫感，緩和商談氣氛，並藉以摸清對方的底牌，也讓對方了解「我」的想法。除此之外，還可以確定推銷進行的程度，了解顧客的障礙所在，尋找最適合的應對措施，反駁並澄清歧見。

提問無疑是推銷應對中最有力的手段，一定要熟練掌握、運用。

當我們聽到「不要」、「今天不買」、「再說吧」等推託詞，便應使用「問」的技術，找出隱藏在拒絕之後的眞正因素。

通常，推銷會遭到拒絕，探究顧客的想法，多不脫以下幾種原因：

1. 時機不理想。
2. 價格超出了預算，無力負擔。
3. 不喜歡推銷員的表現。
4. 素來就對這個品牌或製造商沒有好感。
5. 已經訂購了性質、功能相同或類似的產品。

6.真正無意購買。

拒絕並非完全無法「擊破」，針對以上幾種情形，分別可以透過以下方式設問，以求了解實際情形：

1.您是不是認為目前沒有必要買？

2.價錢方面是否滿意？

3.關於我的說明，有沒有不清楚、需要進一步了解的地方？

4.您認為這種款式如何？

5.您是否已經向其他公司訂購了呢？

6.對這個商品，您不感到興趣嗎？

如果遇到顧客直接拒絕推銷，而且態度堅決，不妨針對提出的反對意見，採取直接詢問來突破困境，先了解眞實想法，再求對症下藥。

顧客：「實在太貴了！」

推銷員：「那麼，您認爲怎樣的價格較合理呢？」

一旦顧客講出自己所認定的合理價錢，就要馬上從專業的角度進行澄清，例如由產品功能、品質及售後服務切入，強調定價的合理性，說服對方接受。

此時，大可繼續運用設問法，達到「誘導」功效，例如可以說：

「的確，兩萬元不是筆小數目，可是這種產品的平均壽命都在十年以上，如此平均下來，只要一天省下少部分錢就可以了，不至於造成沉重負擔。」

「您所考慮的是價錢問題吧？不過換個角度想，一分錢一分貨，不是嗎？此外，既然是好東西，就值得早一步投資購入，早一點享受。優惠是有時限的，一旦錯過，以後想要再碰到就不容易了。相信我，這絕對划算。」

問的方式有很多，無論是單純的疑問或者別有深意的反問、激問，都是推銷時的好幫手，能協助你釐清顧客的想法，找出導致推銷困難的問題所在。如此一來，再透過言語對症下藥，效果當然更好。

講究說話態度，才能打動客戶

說話不僅是在交流資訊，同時也是在交流感情。抱著執行例行公事的態度，說出來的話是沒有情感的，除非打從心底說出口，否則不可能打動顧客。

服務用語是推銷工作的基本，怎樣使每一句服務用語都發揮最佳效果，就得看推銷員講話的藝術性。

服務用語不能一概而論，應該根據推銷性工作內容的服務要求和特點，靈活地掌握。

推銷中常用的基本用語很多，這裡列舉數例：

1. 迎客時說「歡迎」、「歡迎您的光臨」、「您好」。

2. 對他人表示感謝時說「謝謝」、「謝謝您」、「謝謝您的幫助」。
3. 接受顧客的吩咐時說「明白了」、「清楚了，請您放心」。
4. 不能立即接待時說「請稍候」、「麻煩您等一下」、「馬上就來」。
5. 對在等候的顧客說「讓您久等了」、「對不起，讓您們等候多時了」。
6. 打擾或給顧客帶來麻煩時說「抱歉」、「實在對不起」、「打擾您了」、「給您添麻煩了」。
7. 由於失誤表示歉意時說「很抱歉」、「實在很抱歉」。
8. 當顧客向你致謝時說「請別客氣」、「不用客氣」、「很高興為您服務」、「這是我應該做的」等。
9. 當顧客向你致歉時說「沒有什麼」、「沒關係」、「算不了什麼」。
10. 聽不清楚顧客問話時說「對不起，請您重複一遍好嗎」。
11. 送客時說「再見，一路平安」、「再見，歡迎您下次再來」。
12. 當要打斷顧客的談話時說「對不起，我可以佔用一下您的時間嗎」、「對不起，耽擱您的時間了」。

在推銷接待中，使用禮貌用語應做到自覺、主動、熱情、自然和熟練。把「請」、「您好」、「謝謝」、「對不起」等最基本禮貌用語與其他服務用語密切結合起來，加以運用，將會使進展更順利。

推銷員該如何正確使用禮貌服務用語？歸納起來，大致有以下幾點，值得我們在運用中特別注意：

1. 注意儀態。

每一個推銷員都應注意說話時的儀態。與顧客對話時，首先要面帶微笑地傾聽，並透過關注的目光進行感情的交流，或透過點頭和簡短的提問、插話，表示你對談話的注意和興趣。

爲表示對顧客的尊重，一般應站立說話。

2. 注意選擇詞語。

在表達同一種意思時，由於選擇詞語的不同，有時會有幾種說法，由於方式不同，往往會給顧客不同的感受，產生不同的效果。

例如，「請往那邊走」使顧客聽起來覺得有禮貌，如把「請」字省去了，變成「往那邊走」，在語氣上就顯得生硬，變成命令，這樣會使顧客聽起來感到刺耳，難以接受。

另外，在服務中，要注意選擇客氣的用語，如以「用飯」代替「要飯」，用「幾位」代替「幾個人」，用「貴姓」代替「您姓什麼」，用「去洗手間」代替「去大小便」，用「不新鮮，有異味」代替「發霉」、「發臭」，用「讓您破費了」代替「按規定要罰款」等等。

這樣，會使人聽起來感到文雅，免去粗俗感。

3.注意語言簡練。

在推銷的過程中，與顧客談話的時間不宜過長，因此需要使用簡練的語言進行交談。

交談中，推銷員如果能簡要地重複重要內容，不僅表示對話題的專注，也使對話的重點得到強調，使意思更明白，減少誤會。

4.注意語言音調和語速。

說話不僅是在交流資訊，同時也是在交流感情。複雜的情感往往透過不同的語調和速度表現出來，如明快、爽朗的語調會使人感到大方的氣質和親切友好的感情；聲音尖銳刺耳或說話速度過急，使人感到急躁、不耐煩的情緒；有氣無力，拖著長長的調子，則會給人矯揉造作或虛弱之感。因此，與顧客談話時，掌握好音調和節奏是十分重要的，應該透過婉轉柔和的語調，創造和諧的氣氛和語言環境。

基本服務用語是推銷服務人員的基本功，抱著執行例行公事的態度，說出來的話是沒有情感的，除非打從心底說出口，否則不可能打動顧客。

愛自吹自擂，會失去升遷機會

愛聽奉承話是人類的天性，握有權力的人更是如此，最忌諱下屬自吹自擂、邀功逞能。

英國有句諺語說：「最高明的馬屁精，是他對你說了一堆奉承的話語之後，還再三強調，這些奉承的話，都是從別人那裡聽來的。」

的確，最聰明的奉承者，還常會當著逢迎對象的面前，做一些他所喜歡的事情，但都打死也不承認，這些事都是爲他而做的。

龔遂是漢宣帝時一名賢良能幹的官吏。有一段時間，渤海一帶災害連年，百姓不堪饑餓，紛紛聚衆造反，當地官員鎮壓無效、束手無策，於是宣帝派七十多歲的龔遂

前去擔任渤海太守。

幾年之後，渤海一帶百姓安居樂業，龔遂名聲大振。於是，漢宣帝召他還朝。當時，龔遂的幕僚中有一位王先生，請求隨他一同去長安，並對他說：「讓我同行，對你會有好處的！」

其他幕僚卻不同意，說道：「這個人一天到晚喝得醉醺醺，又好說大話，還是別帶他去比較好！」

但龔遂說：「他想去就讓他去吧！」

到了長安，這位王先生還是惡習不改，終日沉溺在酒鄉之中，也不去見龔遂。直到有一天，當他聽說皇帝要召見龔遂時，便對看門人說：「去將主人叫到我的住處，我有話要對他說。」

龔遂也不計較他一副醉漢狂徒的嘴臉，還真來到他家。王先生問：「天子如果問大人如何治理渤海，大人打算如何回答？」

龔遂回答說：「我就說我任用賢材，使人各盡其能，且嚴格執法、賞罰分明。」

王先生卻連連搖頭道：「不好，不好！這麼說豈不是自誇其功嗎？請大人這麼回答：『這不是小臣的功勞，而是當地百姓受到皇上感化！』」

龔遂接受他的建議，按他的話回答漢宣帝，宣帝果然十分高興，便將龔遂留在身邊，任以顯要而又輕閒的官職。

漢宣帝並不是昏庸的帝王，但喜好虛榮、愛聽奉承話是人類天性中的弱點，作爲萬人注目的帝王更是如此，龔遂的王姓幕僚建議「有功歸上」的做法正是迎合這一特性。

由此可見，討好上司絕對是求榮的不二法門。在這方面，隋朝名臣韓擒虎的表現也不遑多讓。

韓擒虎是隋朝的開國功臣，統一南北的最後一仗中，他擔任一路軍的統帥，首先攻入陳國都城金陵，陳國的末代皇帝陳叔寶便是由他俘獲。

戰勝後，他將自己在戰爭中的種種謀略、戰術加以總結，寫成一本書，書名題爲《御授平陳七策》，意思是說這此謀略戰術都是由皇帝授予的，因此，平陳一戰也是在皇帝的親自指揮和領導下取得勝利。

可見，韓擒虎雖是名武將，但也深明獻媚討好的功夫。只是隋文帝並不是好與臣下爭功的人，他謝絕韓擒虎的好意說：「你是想替我揚名，但我不求名，你把它寫進自己的家史中吧！」不過，隋文帝還是因而增加對他的好感，並授以高官。

愛聽奉承話是人類的天性，握有權力的人更是如此，最忌諱下屬自吹自擂、邀功逞能，這種人十個有九個會遭猜忌而沒有好下場。

身爲屬下一定要懂得「有功歸上」的道理，別在上司面前誇耀自己的才華和功勞，如此一來自然能長保榮華富貴。

PART 8

口氣決定你的運氣

如果說興趣，是談話的潤滑劑，
那麼，風趣幽默就是銷售的調味料。
銷售員如不能適時來一點「噱頭」，
客戶就會昏昏欲睡。

真誠地讚美你的客戶

讚美應是真誠的，虛假過分的恭維只是拍馬屁，這樣只能導致失敗。銷售員應學會敏銳地發現對方的優點，給他誠實而真摯的讚美。

想進行有效的交涉、交流，把自己的意見滲透進對方的腦裡，就必須先洞悉人性的弱點，掌握對方的心理，然後巧妙引導對方接受自己的說詞。

被讚美可以說是人的一種心理需要。其實每個人的潛意識裡都渴望被人讚揚，因爲那樣才會知道別人對自己的認同。

有一個老師曾做過一個試驗，將一個班的學生分爲兩部分，對一部分的學生和顏悅色，而且常常是讚賞與疼愛，對另一部分學生則是板著一副臉孔，常常加以苛責與

批評。

結果學期末，常被讚揚的那一部分學生，學習成績大幅上升，而另一部分經常被責罵的學生成績則慘多了，他們的成績大幅下降，甚至有人覺得老師面目可憎，對上課一點也提不起興趣。

有一個喜歡自助旅遊的女性到過許多國家旅遊，別人都認爲她一定會很多種外語，結果她說：「其實，我每到一個地方，只學會了兩句話，那就是『你好』，『眞漂亮』。」

光憑這兩句話，就使她順利解決了食衣住行方面的難題，由此可見讚美別人的妙處有多大。

但是，銷售員拜訪客戶時，也不能光說讚美的話，那會讓人對你的話裡的眞實成分產生懷疑，顧客會認爲你是爲了讓他買你的東西才不得不恭維他，並不是發自眞心。

讚美應是眞誠的，虛假過分的恭維只是拍馬屁，這樣只能導致失敗。銷售員應學會敏銳地發現對方的優點，給他誠實而眞摯的讚美。

銷售員必須以找出對方的價値爲首要任務，這樣，便會使銷售在友好、和諧的氣氛中完成交易。

當你讚美一個人的優點，有可能那是他自己都沒有發現的，對方會因此對自己有了新的認識，可能會由此而創造出一個嶄新的「自己」。你可能也沒有想到自己在他的轉變中，扮演了鼓勵他、幫助他發現自我的角色，只感覺到對方對你的好感越來越強烈。

發自肺腑的讚美，能產生意想不到的奇效。濫用的讚美、毫無誠意的虛僞之詞，則恰似拍馬屁拍在馬腿上，只會讓對方感到嫌惡。

口氣決定你的運氣

如果說興趣，是談話的潤滑劑，那麼，風趣幽默就是銷售的調味料。銷售員如不能適時來一點「噱頭」，客戶就會昏昏欲睡。

通常，當你知道你的客戶的興趣、愛好後，充滿熱忱地與他談論這些的話題，你會發現得到的是完全不同的反應。因為，那是客戶的興趣所在，可能是他的生命之焰。

但是，你在與客戶談論他們的興趣時，最好不要中途突然提及你的產品。興之所在，客戶會覺得與你相當投緣，這樣的話，以後做生意就不成問題了。

打動人心的最佳方式是，跟他談論他覺得最彌足珍貴的事物，當你這樣做時，不但會受到歡迎，也會使生命、事業得到擴展。

此外，要記住話多不如話好，話好不如話巧，多說「妙語」、「笑話」，必定能幫助你在銷售領域事業亨通。

如果說興趣，是談話的潤滑劑，那麼，風趣幽默就是銷售的調味料。冗長而無趣的銷售、說明是很煩人的，銷售員如不能適時來一點「噱頭」，客戶就會昏昏欲睡，當然，更多的可能是一走了之。

有位頂尖的行銷心理學專家，在總結銷售工作的說話技巧之時，把幽默感分爲三個層次：

第一是談吐風趣，而且能被自己所說的笑話逗樂；

第二是有領會各種事物幽默之處的能力，並與別人一起歡笑；

第三是勇於笑談自己，以樂觀的態度面對挫折與失敗，這樣的人才能做到真正的風趣幽默。

如何才能使自己充滿幽默感，發揮幽默的力量呢？

幽默不是天生而成的，是透過人的智慧創造出來的；會說妙語也不是天生就會的，是透過不斷的練習與學習而熟能生巧的。

妙語是可以創造的，只要細心觀察，就可以把周圍的人物所發生的故事，轉化成幽默的素材。

有一個十分敬業的空中小姐曾經敘述自己第一次上飛機的糗事。

她在機艙裡看到一對年輕的夫妻抱著一個小嬰兒，便走過去問有什麼需要她幫忙的地方。年輕的夫妻搖搖頭，嬰兒則乖乖地睜著眼睛看著她。沒能為旅客服務，讓她覺得有些遺憾，並且有一片好心被拒絕的難堪。

這時，她猛然發現這個嬰兒竟然是個玩具娃娃，隨即靈機一動，半開玩笑地說：「好吧，等寶寶需要餵奶時，儘管叫我。」

這對年輕夫妻一聽，忍不住笑了出來，「小嬰兒」更是咯咯地笑個不停，周圍的旅客知道後也忍俊不住，機艙裡的氣氛頓時既融洽又活躍，大家爭著抱玩具娃娃，誇獎玩具娃娃做得太逼真。

開個得體的玩笑，鬆弛神經，活躍氣氛，也能創造出適於交談的輕鬆氛圍，而且這種玩笑往往能發揮改變環境氛圍的作用。因此，具有幽默感是好多公司對銷售員素質的要求之一。

但是，開玩笑千萬不能過頭，而且內容要健康，態度要和善，行爲不能過度，譬如，千萬不能拿顧客的生理缺陷開玩笑，也不能拿風俗習慣開玩笑。

前美國總統雷根是一個喜開玩笑、富有幽默感的人，可有時他太隨興，玩笑開得太過火，因而惹出許多不必要的麻煩。

例如，有一次，他在國會發表演講之前，爲了試試麥克風，竟說了一句：「先生們請注意，五分鐘之後，我們將對蘇聯進行轟炸。」

此話一出，全場嘩然，蘇聯還對此提出了嚴重抗議。雷根的這個玩笑不符合場合與對象，當然讓在場的人士笑不出來，而是叫人大吃一驚。

不要滿口都是生意經

不急著開口談生意，等於使自己有一個緩衝的機會，可以趁機觀察客戶的個性、興趣愛好、講話方式及講話內容等，藉以調整自己的講話方式。

日本著名的經濟評論家高島陽曾經說過一句膾炙人口的話：「一見面就談生意的人，是三流的銷售員。」

也就是說銷售員不妨先與顧客交流一下情感，引導顧客表達自己的看法。例如被允許進客廳或辦公室，老練的銷售員一般會裝出驚喜的樣子說：「哇，你家裝修好時髦、好美觀呀」、「你們這裡好乾淨啊」、「你們這裡好熱鬧呀，一定有什麼高興事」……等等，並且眞心讚美值得讚美的地方。

不急著開口談生意，等於使自己有一個緩衝的機會，可以趁機觀察客戶的個性、興趣愛好、講話方式及講話內容……等，藉以調整自己講話時的重點。

我們常見有些三流的銷售員，一進門不管客戶聽不聽得明白，就嘰哩呱啦講一大串話，速度又急又快，弄得顧客不知所云。這樣的銷售員，縱使講得口乾舌燥，最後還是被戶主拒之門外。

協調的講話方式，猶如中醫的「望、聞、問、切」，根據顧客講話的特點，調整自己的內容、速度、語調、音量……等。

當你急於銷售自己的東西，說話的速度就難免會加快，音量也會提高，就會顯得比較急躁。

這就像你與人爭論一個問題，不管自己的答案正不正確，倘使不能說服對方接受，就會越來越急躁，最後音量也達到了最大，語速也快了不少，不知情的人可能會過來問：「怎麼回事，是在和誰吵架？」

這些都是銷售員應該避免的，一個好的銷售員應該視顧客為自己的上帝，應充分協調好與「上帝」的講話方式，你會發現「上帝」其實並不都是挑剔的。

《孫子兵法》有云：「攻心為上，攻城次之。」

一個人的心理變化是相當奇妙的。在日常生活中，顧客的心理活動有大致的共同軌跡，銷售員掌握了這一軌跡，就能以不變應萬變，自然會成功地銷售出自己的東西。

一般情況下，顧客在和銷售員打交道的過程中，就如初見一個陌生人一般，會產生戒備和不安，也會產生害怕上當的心理。

這時，就需要銷售員的說服功力，顧客可能會相信銷售員，對產品有大致的瞭解，但仍不會全然相信，即使在最後決定購買時，總是會懷疑自己買的東西是否貴了。所以，在銷售東西時，千萬記住：讓顧客自己做決定。

如何讓自己的「語言」動聽？

若要語言動聽，讓聽者產生愉快的感覺，就要適度把對方當成談話的中心，使對方在心理上獲得一種被尊重或寵愛的感覺。

平時，我們與人交談、交往的時候，大都希望自己能在對方心目中留下一個良好的印象，因此，莫不講究語言方面的技巧和修辭。

語言的技巧，著重在「巧」字上。掌握了一定的語言技巧，對於日常的交際活動肯定大有助益，但是光講究技巧，本身卻欠缺美感就會充滿匠氣，反而俗不可耐。

要使對方與你交談之後心情舒暢愉快，除了注意說話技巧外，還得從兩個方面來考慮，第一是要給人優雅的視覺形象，第二是要給人悅耳的聽覺形象。

俗話說：「佛要金裝，人要衣裝」，得體的打扮能使對方留下賞心悅目的印象。服飾的搭配要與交談的場景、氛圍相和諧，穿著打扮必須符合本人的年齡、職業和性格。另外，與人交談還應該注意交談的姿態，即使是在非正式場合，也不能忽視自己的舉止風度。

請記住，站有站相，坐有坐相，千萬不要表現出一副懶散的模樣。

再者，要懂得尊重交談對象，不要在交談時蠻不在乎地翹腳搖腿，或擺出一副好像很了不起的架式，那是一種很沒有修養的表現。

精神面貌也是視覺形象的一個重點。面色灰暗的人應當適度補妝，上了夜班，眼圈發黑的人應該睡一覺以後再與人交談。誰願意和一個無精打采、說話總是哈欠不斷的人交談？

與人談話的時候，臉上最好帶一抹微笑，因為微笑是人與人之間溝通的橋樑。但是，萬一真的笑不出來的時候，也不必費心強裝笑臉，只要以誠摯的態度交談就行。

說話的時候，切記不要舉止輕佻、面部表情誇張、說得口沫橫飛，這些醜態都會令人反感，但是，過分的拘謹也沒有必要。

大家都曉得，若要語言動聽，讓聽者產生愉快的感覺，就要把握抑揚頓挫，注意氣氛，適度把對方當成談話的中心，使對方在心理上獲得一種被尊重或寵愛的感覺。對方明白自己在他人心目中的位置，當然心花怒放。

因此，語言要動聽，要使對方感動，應該時時把對方放在談話的主角位置。即使對方出了差錯，批評對方之時，也仍然要把對方放在主要位置上。

如此一來，對方會覺得人格受到尊重，即使你沒有嚴厲地批評他，他自己也會深刻地反省，把以後的工作做得更好。

扭轉地位，撤除對方的防備

如果上位者能主動且不露痕跡地和下屬親近，便能突破兩者之間立場上的懸殊，一掃心理上的隔閡。

為人上司，往往只要說一句聽來極平淡的話，就足以激起部屬們的雄心和興趣。相反的，也可能因一句帶命令式的言語，使員工們懶洋洋、無精打采。

「麻煩你做這件事，好不好？」

「你去做這件事！」

兩種不同的口吻，所產生的後果將截然不同。

一位職員升為課長、主任、經理，或其他更高的職位以後，多半會在不知不覺當中改變自己說話的口吻，似乎不這樣便不足以表現自己的新身份。

事實上，如能捨棄語言具有的身份表徵功能，不做作、不驕矜，不僅會受到更多尊敬，同時將更容易領導部屬，使員工們投入工作。

某一年，美國田納西州進行州長選舉，有兄弟二人同時出馬角逐。哥哥的親民工作非常到家，親吻孩童、攙扶老人，並且特地製作了許多日曆和扇子送給選民，大家都稱讚他是個充滿愛心的候選人。

弟弟則與他完全相反，沒有優雅的姿態和親民的舉動，卻有一個特殊習慣，在公眾場合演說時，總會先在口袋裡一陣掏摸，然後伸手向群眾說：「誰有香煙？請給我一支抽抽。」

想不到最後竟然是弟弟當選了，而且得到壓倒性的勝利。

原因何在？那是因爲選民們有了個錯覺：「他有求於我呢！」這位政治家經常忘了帶香煙，自己則有能力幫助他，因此贏得選民的熱烈支持。

社會地位越低下，心理上的自卑感也越濃厚。

如果上位者能主動且不露痕跡地和下屬親近，便能補償自卑的意識，很快地突破兩者之間立場上的懸殊，一掃心理上的隔閡。

因此，「官僚式」口吻往往見於惡化的群體關係當中，成了阻礙人際關係發展的障礙。持這種態度的上司，往往容易招來部屬的反抗，導致命令無法貫徹。唯有扭轉口吻，視對方為與自己身份相同者，才能順利跨越上司和部屬之間那道看不見的鴻溝。

舉例來說，身為上司，在要求部屬執行命令時，不妨這麼說：「不好意思，有件事拜託你。」即使是經常唱反調的員工，遇到如此場面，多半都會欣然同意。

將對方濃濃的自卑感轉化為優越意識，他的內心一定會自鳴得意，做起事來自然幹勁十足，這就是語言的效果。

自信與熱情必須恰到好處

過分的熱情，甚至搖尾乞憐地討好顧客，反而會讓人覺得你太沒有格調，也不會信任你所銷售的產品。沒有自尊的熱情、友善，充其量只能算作諂媚。

我們必須清楚，自信並不是自負。

一個頂尖的銷售員絕不是那種自吹自擂的人。因爲「老王賣瓜，自賣自誇」的銷售方式，只會讓人嗤之以鼻，消費者最討厭的就是那種誇大其詞、給人油嘴滑舌感覺的銷售員。

頂尖的銷售員能夠在言詞方面自我克制，專注於銷售，忍讓顧客，絕不和顧客發生爭辯。

對人友善，必有回報。小狗表示友善就搖搖牠的尾巴，人則用微笑來表達。友善就是真誠的微笑，親切的關懷。

和田里惠是個懂得「用口氣創造運氣」的銷售高手，曾經連獲日本全國銷售競賽獎，七次獲得到海外旅遊渡假的機會。

和田里惠對慕名前來打聽銷售絕招的人說：「我不認爲銷售有什麼秘訣，只是我太喜歡這個工作，銷售成功了固然帶來欣喜，即使失敗了，也交了不少朋友。」

她每次前去海外旅遊，總會給她的客戶寄上一些風景明信片，她說：「一則是問候他們，二則感謝他們，並請他們分享我在海外所見的美麗風光。畢竟是因爲他們的幫助，我才有機會獲獎的。」

當然，自信、熱情、友善都需要恰到好處。過分的熱情，甚至搖尾乞憐地討好顧客，反而會讓人覺得你太沒有格調，也不會信任你所銷售的產品。沒有自尊的熱情、友善，充其量只能算作諂媚。

「謝謝」是化解冷漠的最佳話語

「謝謝」這個語詞，是拉近彼此距離的最好方法。也唯有彼此靠近了，迎合、奉承的話語才能深入對方心中，真正發揮拍馬屁的效用。

想要拍別人馬屁，就要拍得自然坦蕩，並且表現得謙恭有禮。奉承別人的時候要態度誠懇，達成目的之後要心存感激。這樣，你所表現的馬屁行爲，自然會讓對方有一番截然不同的感受。

三國時代，劉備以臉皮奇厚無比聞名，爲了招攬天下賢才，不辭辛勞，三度拜訪諸葛亮。「三顧茅廬」的熱忱終於打動了對方，願意下山爲他效命，並且「鞠躬盡瘁，死而後已」。

當時，寄人籬下的劉備已經四十七歲，而孔明才二十七歲。自稱漢室之後的劉備能不因年齡差距，克盡禮儀、不恥下問，這才是最眞誠的拍馬屁方法，也無怪乎自視甚高的孔明會大爲感動。

不管對方是年輕氣盛的主管，或是驕縱跋扈的董事長，想讓對方成爲自己的貴人，就不要在意年齡的差距，學一學劉備的低姿態吧！

如果你自命德高望重、學識豐富或經驗老到，不把別人放在眼裡，那麼將來的下場可想而知。年長的人無論處在什麼位置，若能像劉備一樣，對年少得志的人虛懷若谷、善盡禮儀，必能輕易打開對方的心扉。

《猶太法典》中有下面這段話：「當偉人能聽從年幼者的建議，長輩能傾聽晚輩的話語時，這個世界就值得祝福。」

這段話同時也是在職場打滾多年的中低階層主管必須謹記的拍馬守則。

沒有人會對言詞偏激、舉止傲慢、自以爲是的長輩抱有好感，年長者必須具有年輕人一般的好奇心，作風開明積極，才能博得衆人信賴。

有些人經常把「謝謝」掛在嘴邊，即使面對的只是舉手之勞，譬如點煙、遞報紙、喝湯時灑上一些胡椒，都不忘一一答謝，這種人當然受歡迎。

「謝謝」這個語詞，是馬屁語言中化解冷漠的最快捷徑。所以，不論身爲年長者、上司、客戶，或是晚輩、部屬，對任何人都不要吝惜「謝謝」這二個字，這是拉近彼此距離的最好方法。

也唯有彼此的心理距離靠近了，迎合、奉承的話語才能深入對方心中，眞正發揮拍馬屁的效用。

要記住，感謝的話不花半毛錢，多說幾句又何妨？

對待上司時，不論他是哪種人，千萬記得把「謝謝您」三個字掛在嘴邊，感謝越多，上司對你的評價也會越高。

與其高談闊論，不如靜心聆聽

靜心聆聽別人的談話，而後好好地思考，不但對本人有相當大的助益，同時也會給別人留下良好的印象。

日本心理學家多湖輝曾寫過一本如何與顧客交談的書，提到三個重點：

第一、一定要向初訪的客人要名片，並在名片上註明交談日期、外型特徵、與何人同行、當天的主要話題，然後歸入檔案。

第二、聽顧客談話時，要注視顧客的眼睛，仔細聆聽。

第三、在顧客面前儀態要端正。

英文的「listen」含有認真傾聽的意思；而「hear」則只是單純地聽到而已。如果能夠傾聽對方談話，會使人覺得受到尊重，自然十分愉快。

不過，「傾聽」不只是個被動、靜止的行爲，偶爾也要加入一些點頭稱許的動作或表情，以身體語言來表示感動或共鳴。

多傾聽別人談話，通常可以獲得許多知識，若再將這些知識、話題加以消化吸收，即可增廣自己的見聞，累積更多的話題。而且，這並不需要特別的支出，何樂而不爲？

交談的時候，如果像條單行道，只懂得自己喋喋不休、自我陶醉地高談闊論，常會令對方覺得掃興，甚至心生厭倦。這時，縱然態度誠懇，內容豐富有趣，仍舊容易造成對方的不悅。

八分聽講二分演說，這是與人交談的重要原則。這點套用在商場上的交涉或許不見得非常恰當，卻相當適用於拍馬屁的對象。

面對上司的談話時，即使聽到的內容並不新鮮，也要有所反應，還要偶爾提出疑問，讓對方覺得你對他的談話內容很有興趣。對於亟欲拉攏的客戶，見過幾次面後，

對方也許再次老調重彈，但還是得勉強自己洗耳恭聽。

以下幾則ＩＢＭ職員的「自我啓發心得」，也可供拍馬者作爲參考。

這是該公司首任董事瓦特生送給員工的一些座右銘：read（讀書）、listen to（仔細聽）、discuss（好好與人討論）、observe（觀察）、think（思考）。

靜心聆聽別人的談話，而後好好地思考，不但對本人有相當大的助益，同時也會給別人留下良好的印象。

所以，在上司或客戶面前，別老是高談闊論自己的想法或經歷，這只會惹人厭惡；相反的，能仔細傾聽上司的談話，並適時地予以發問、附和，才會討人喜歡。傾聽再傾聽，就是最省力的馬屁功夫。

把馬屁拍到上司的心坎裡

一個真正稱得上大師的拍馬者，不只要了解諂媚對象的心理、稟性、好惡，還要探知他所處的環境及人事關係。

心理學家研究指出，人們在意見、觀點一致時，就會相互肯定，反之就會相互否定。所以，拍馬之徒在諂媚巴結上司之前，總是會先細細揣摩對方的喜好，然後儘量迎合、滿足對方的慾望。

更高明的是，有些拍馬高手不只特別注意研究諂媚的對象，還能夠搶先一步，將上司想說而未說的話先說了，想辦而未辦的事先辦了，表現出極大的主動性。這是拍馬學中的高手，也是最被上司賞識的角色。

無論明君或昏君，身邊都會有一些精幹的拍馬臣子，不管政治風暴如何強烈，他們總能化險爲夷，全身而退，隋唐時期的封倫便是這樣的人物。

封倫本來是隋朝大臣，隋朝開國不久，文帝便命令宰相楊素負責修建宮殿，楊素任命封倫爲土木監，將整個工程交給他主持。

封倫不惜民力、窮奢極侈，將宮殿修建得豪華無比，這使一向標榜節儉的隋文帝一見勃然大怒，罵道：「楊素這老東西存心不良，耗費大量人力物力，將宮殿修得這麼華麗，這豈是要讓老百姓罵我嗎？」

楊素害怕因此丟了烏紗帽，急忙與封倫商量對策，封倫卻胸有成竹地安慰道：「宰相別著急，等皇后一來，必定會對你大加褒獎。」

第二天早上，楊素被召入新宮殿，正擔心受到責罵，誰知皇后獨孤氏果然誇讚他說：「宰相知道我們夫妻年紀大了，也沒什麼開心的事，所以下功夫將這宮殿裝飾了一番，這片心意眞令我感動！」

封倫的話果然應驗了。楊素對他料事如神感到很訝異，從宮裡回來後便問他：「你怎麼會想到這一點？」

封倫不慌不忙地回答說：「皇上天性節儉，所以一見這宮殿便會發脾氣，可是他又事事都聽皇后的主意，皇后是個婦道人家，當然貪圖華貴漂亮，所以我想這豪華的宮殿不會有問題。」

儘管楊素已算得上是個老謀深算的人物，對此也不得不感嘆：「封倫揣摩上意的功夫，不是我所能及。」從此對封倫另眼看待，並多次指著宰相的大椅說：「日後，封倫必定會佔據這個位置。」

只可惜，還沒等封倫爬上宰相大位，隋朝便滅亡了，他歸順唐朝之後，又開始揣摩新主子的心態。

有一次，他隨唐高祖李淵出遊，途經秦始皇的墓地。那座連綿數十里、建築極爲宏偉的著名陵園，經戰火洗禮後，幾乎破壞殆盡，只剩殘磚碎瓦。

李淵見狀不禁十分感慨，對封倫說：「古代帝王耗盡百姓國家的人力財力，大肆營建陵園，有什麼益處呢？」

封倫何等聰明，一聽這話，便明白李淵不贊同厚葬，於是，這個曾以建築窮奢極

侈而自鳴得意的傢伙，立刻換了一副面孔，迎合說：「上行下效，上位者的舉止會使底下人起而效尤。自秦漢兩朝帝王實行厚葬，朝中百官、黎民百姓競相仿效。可是古代墳墓中，凡是埋藏眾多珍寶的，很快就被人盜掘。若是人死而無知，厚葬全都是白白浪費；若人死而有知，陵墓被人盜掘，難道不痛心嗎？」

李淵聽了封倫這番大論後極力稱讚，不禁點頭說道：「從今以後，自上至下，全都實行薄葬！」

由此可知，一個眞正稱得上大師的拍馬者，不只要了解諂媚對象的心理、稟性、好惡，還要探知他所處的環境及人事關係，這樣才能夠棋高一著、行先一步，把馬屁拍到上司的心坎裡。

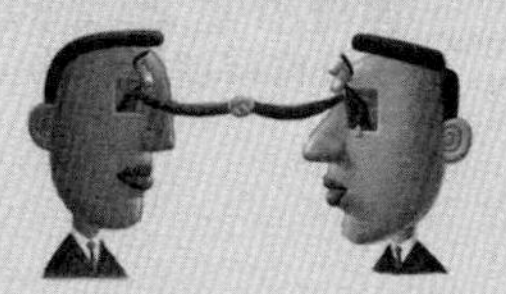

PART 9

尊重，讓彼此更容易溝通

凡是善於談話的人，
必定會小心翼翼斟酌說話方法，
不使溝通陷入僵局。
只要談話之門沒有關上，
就永遠不愁無話可說。

高明的道歉技巧必不可少

犯錯之後，若決定道歉，就該馬上去做，因為時間的長短與道歉的效果成反比，越早設法彌補，成效越好。

道歉，是一門值得鑽研的說話藝術。

衷心道歉不但可以彌補破裂的關係，還可以增進感情。當他人對自己表示出誠摯的歉意，誰能不感動？

原諒別人的錯誤能清除心中的怨恨情感，寬恕不僅僅是美德，更對健康、對情緒都大有好處。

眞正的道歉不只是認錯，也等於承認自己的言行破壞了彼此的關係，而這關係的重要性非同小可，所以希望能重歸於好。

美國總統羅斯福相當善於處理和新聞記者的應對進退，有一回，《紐約時報》派記者貝賴爾駐白宮，按照慣例，白宮新聞秘書引他來謁見總統，說道：「總統先生，您是否認識《紐約時報》的菲力克斯．貝賴爾？」

只聽見一個渾厚有力、充滿自信的嗓音傳來：「不認識，我想我還沒得到那份快樂。不過，我讀過他的東西。」

這說句話確實說得非常好，「我讀過他的東西」，對一名記者，絕對是極大的肯定。毫無疑問，透過短短一句話，羅斯福巧妙地在彼此初次見面時創造了良好的氣氛。

但在某些時候，羅斯福也會顯得不近情面，幸而他懂得補救，用言語彌補裂痕，重新建立關係。

一次，羅斯福在記者招待會上進行長篇演講，措辭激烈，貝賴爾卻在底下打起了瞌睡。只見羅斯福突然停下來，大聲吼道：「貝賴爾，我才不在乎你代表哪家報紙，但既然在這兒，你就得做筆記！」

不難想見，對貝賴爾來說，美國總統對自己大吼大叫，使他難受得簡直想找個地洞鑽下去，或是衝上講台把羅斯福揪下來，但他什麼也不能做，只能非常難堪地忍耐著。

衝突歸衝突，招待會結束後，羅斯福仍然如慣例般和記者一同談笑，簡短地交換意見，相互之間毫無拘束地閒聊，氣氛極爲融洽。他甚至突發奇想爲記者取綽號，說貝賴爾應該叫「魯漢」，因爲像《紐約時報》那樣嚴肅的報紙，內部應該要有一個叫「魯漢」的人。

雙方瀕臨破裂的關係，順利地在玩笑中重獲肯定。

還有一回，羅斯福在記者招待會上斥責一名記者，但他馬上察覺到自己把話說得太重。事後，記者主動表示歉意，說自己前晚不該玩牌到凌晨四點，以致今天精神不佳。想不到羅斯福卻說，撲克牌眞是有趣的好玩意，自己已經好長時間沒和朋友一起玩了，實在懷念得很，且馬上要求秘書去張羅一頓自助晚餐兼牌局。

放眼世界各國，很少有政府官員能和媒體記者建立起良好的互動關係，羅斯福可說是其中的佼佼者。

看完以上幾則事例，相信你必定會同意，他具備了相當高明的說話技巧。

羅斯福能訓人，也能反省自己是否做得太過分，並真誠、主動地表示歉意。這提醒了我們：該道歉的時候，爲何不能坦然低頭認錯？高明的言語技巧加上誠懇友善的態度，絕對是讓你在任何環境都無往不利的關鍵。

當然，當我們道歉時，也可能會碰上對方不原諒、碰了釘子下不了台的窘況，這時候，該用什麼樣的態度應對？

首要應認清一點，既然是自己錯了，對方會生氣當然合情合理，苦果還是由自己吞下爲好。

其次，應該藉積極的分析找出原因，也許是因爲自己道歉的方式、場合等不太恰當，導致了不理想的情況。

道歉並非恥辱，而是眞摯誠懇且富教養的表現。

道歉是値得尊敬的事，不必奴顏卑膝。要告訴自己：想糾正錯誤是堂堂正正的事，何羞之有？

犯錯之後，若決定道歉，就該馬上去做，因爲時間的長短與道歉的效果成反比，越早設法彌補，成效越好。

道歉認錯和遺憾經常被混淆，但實際上，兩者的概念截然不同。

如果自己沒有錯，則不必爲了息事寧人輕易認錯。沒有骨氣、沒有原則的做法，不可能帶來多少好處。

勇於道歉是一種勇氣，也是有教養的表現，道歉能使友人和好、化敵爲友；也能使陷入僵局的人際關係重新獲得進展；更能使家庭和睦、彼此愉快、工作順利、同事融洽相處。

它是一種高明的說話技巧，人際關係中必不可少的潤滑劑。

出色溝通，少不了真心尊重

每個人都希望自己的特點和風格能被人接受並得到重視，都渴望獲得來自他人的尊重和信任，不願被等閒視之。

與客戶溝通一定要掌握適切標準，不該說的別說，不該做的別做。無論如何必須牢記一點：客戶不是你的朋友，也不是同事，因此在尺度的拿捏上更需要注意。一般說來，與客戶溝通時，要注意以下幾方面：

- **注意交談的內容與方式**

與客戶交談，一定要注意對話內容與方式，爲了便於溝通，可以在不觸犯隱私的範圍內適當地談點私人話題，或者對他來說比較重要的事情，以求拉近雙方的距離。

如果不注意與客戶交談的內容與方式，不能把握好應有的分寸，就有可能因爲溝通不當導致負面結果。

例如，對方與你談及滑雪的技術和他對滑雪的喜愛，就算你本身對此一竅不通，或者根本打從心底討厭下雪和寒冷天氣，也應該表現出禮貌與熱情，專心地聆聽。

●避免使用尖刻的言語

一對夫婦在一家店裡挑選手錶，選來選去，總是拿不定主意。東挑西選後，兩人好不容易看上一只手錶，便向店員詢問價格，沒想到店員有些不耐煩了，竟如此回答：「對你們來說，這只手錶明顯太貴了。有些人就連買一只一百元的手錶也要討價還價，但也有些顧客，即便看上的是一只一萬元的手錶，眉頭也不皺一下。你們應該明白，我願意為哪種顧客服務。」

聽完這番話，夫婦倆放下手錶，忿忿地離開了那家表店。

不妨思索一下，這位店員的言語得體嗎？

相信答案絕對是否定的。過於尖刻的言語會得罪上門的客戶，將到手的生意推出去，怎麼看都不划算。

•表達意見時，充分讓對方理解

有一次，一家美國公司向日本某企業進行推銷。從早上八點開始，美國公司的業務代表詳盡地介紹他們的產品，利用投影機把所需的圖表、圖案、報表打在螢幕上，熱情洋溢地宣傳著。

兩小時後，介紹終於結束，美國代表用充滿期待和自負的目光看著台下的三位日本商人，問道：「你們覺得如何？」

第一位日本人笑了笑，搖了搖頭說：「我沒聽懂。」

第二位日本人也笑了笑，跟著搖了搖頭。

第三位日本人什麼也沒做，只無奈地攤開了雙手。

美國代表大受打擊，面無血色，只見他無奈地靠著牆，有氣無力地說：「這是為什麼呢？」

爲什麼近兩個小時熱情洋溢的辛苦介紹，最終毫無效果？答案其實很簡單，因爲美國人只單方面地按照自己認爲合理的表達方式去做介紹，並沒有站在對方的角度，顧慮到對方是否能夠接收並理解，因而導致了「鴨子聽雷」的狀況。

所以，在與客戶溝通的時候，一定要確認自己的表達能夠得到對方的充分理解，以確保溝通的效用。

•尊重對方

每個人都渴望受到尊重，在商場上更是如此。

因爲沒能付出應有尊重，導致破壞了溝通的氣氛，相當不値。

爲了確保合作愉快，一定要把你的客戶當作重要人物來對待，讓他們體會到，你確實付出了特別的尊重，更看重彼此的合作。讓他清楚，你時時把他擺在重要位置。

如此一來，自尊心得到了滿足，自然樂於再次合作。

不僅只有商場，現實生活中的狀況也是同樣，每個人都希望自己的特點和風格能被人接受並得到重視，都渴望獲得來自他人的尊重和信任，不願被等閒視之。用尊重態度待人，絕大多數溝通難題都能迎刃而解。

尊重，讓彼此更容易溝通

凡是善於談話的人，必定會小心翼翼斟酌說話方法，不使溝通陷入僵局。只要談話之門沒有關上，就永遠不愁無話可說。

有「會說話」的人，自然也有「不會說話」的人。

有些人喜歡抬槓，搭上話就針鋒相對，無論別人說什麼，總要加以反駁。事實上，他本身可能一點概念也沒有，偏偏當你說「是」之時，就一定要說「否」，到你說「否」的時候，反而又說「是」了。

事事要占上風，不與人爲善，這是一種極壞的說話習慣。即便你的見識眞比別人多，也不應該以如此態度說話，不爲別人留半點餘地，非要把對方逼得無路可走才心滿意足。

不懂尊重別人，是種不良習慣，足以使你自絕於朋友和同事之外，沒有人會願意再向你提出意見或建議，更別說是忠告了。你的本意可能是很好的，但只要染上這種不良說話習慣，朋友和同事必定會離你而去。

唯一的改善方法，從養成尊重別人的說話習慣開始。

首先你要明白，在日常談論當中，自己的意見未必都是正確的，而別人的意見也未必就是錯誤的。那麼，又何必次次反駁？

別人和你談話時，可能根本不打算聽你說教，只當作單純談笑罷了。此時，你若硬要表現出聰明，拿出自認爲更高超的見解壓過對方，即便如願取得優勢，對方也絕不會心悅誠服地接受。

當同事或朋友向你提出建議，若不能立刻表示贊同，起碼要表示願意考慮，不可馬上反駁。和朋友談天時更該注意，過度執拗足以讓一切有趣的話題變得枯燥乏味。

想要藉言語和人建立良好關係，千萬要表現得謙虛一些，隨時考慮別人的意見，

不要太過固執，要讓人們覺得你是一個可以交談的人。

聽到別人的意見和自己一樣時，大可立刻表示贊同，不要以爲這樣做會被人認爲是隨聲附和，因而默不吭聲。不吭聲，確實不會被人誤解爲隨聲附和，但也容易使人以爲你並不同意。

當聽到別人的意見和你不一致時，也可以表示你不同意，但此時要注重說話的技巧，把不同意的原因委婉但明確地說出來，避免過度批評或者人身攻擊，如此便不至於傷害彼此的感情。

人與人之間的談話，經常只有一個目的，就是想知道別人對某件事的看法是否和自己相同。若雙方意見一致，就會感到肯定或安慰，如果發現雙方的意見有差異，就會有受刺激的感覺。

常常可以看到人們因爲表示出相反意見而得罪了朋友，所以許多專家和相關書籍總是勸人們收斂、圓滑些，不要表達自身的不同意見。但這種說話方式是很片面、膚淺的，也是不誠實的表現。

無論多麼愛面子，除了少數極愚蠢、狂妄的人以外，沒有人不希望擁有忠實的朋友。不妨設想一下，如果你認識一個人，對他說的每句話都隨聲附和，絕口不說「不」，會有什麼樣的結果？

也許第一次見面他很喜歡你，但是，不久以後他就會覺得你是個圓滑、不可信賴的應聲蟲，選擇跟你劃清界限。

與別人意見不合時，究竟該如何表態？

首先，在細心觀察社會和人生百態後，你要明白一個事實：只要方法得體，向別人表達自己的不同意見，有時還會受歡迎。這是因爲，眞正得罪人的往往不是意見本身，而是不當的說話方式與態度。

應遵守一個說話原則：表達意見的時候，要假定自己的想法也可能有錯誤，不要強迫別人立即同意，給人充分的考慮時間，致力於做到既不言聽計從，也不固執武斷。

一方面，老老實實地說出自己眞正的看法，另一方面，誠懇地尊重別人的意見，這才是最理想的交談方式。

日常生活中，必定經常看見以下情形發生：

兩人原本好好地在談話，卻不知不覺就爭執了起來，而爭論的僅是一些極其微小的事情。他們的觀點大體上一致，但都偏執地以爲對方完全站在自己的對立面，弄得雙方都非常不愉快。

這是最常見的溝通失敗案例，而導致的主要原因，是在表示不同意之前，忘記說或者以爲不必先說自己同意的部分。

難道不是嗎？我們在聆聽他人的長篇大論時，若發現其中某一部分與自己的看法不同，多半會立即提出異議，而對方一聽這話，便會以爲提出的意見遭全盤否定，爭執由此產生。

能否在這樣的場合全身而退，考驗著說話本領的高低。一定要記住，先說明自己贊同的部分，然後再說明在某一點上你有不同的意見，如此，對方才可能較容易地接受你的觀點。

無論彼此的意見差距有多大，分歧又是多麼嚴重，只要不表現出絕對不可商量的態度，必定能找出解決方法。

凡是善於談話的人，必定會小心翼翼斟酌說話方式，不使溝通陷入僵局。只要談話之門沒有關上，就永遠不愁無話可說。

要聰明，不要被聰明所誤

無論對任何人、任何事，開口說話之前，千萬記得提醒自己：要比別人聰明，但不要告訴人家你比他更聰明。

伶牙俐齒並不算眞正會說話，所謂的說話高手，必定還具備一種能力——以言語激勵、成就他人之美。

安德魯．卡內基是美國的鋼鐵大王，白手起家，既無資本，又無鋼鐵專業知識和技術，卻成為舉世聞名的鋼鐵鉅子，使許多人大感迷惑不解。

某一回，一位記者好不容易得到訪問卡內基的機會，迫不及待地劈頭就問：「您的鋼鐵事業成就是公認的，您一定是世界上最偉大的煉鋼專家吧？」

卡內基一聽，哈哈大笑著回答：「記者先生，您錯了，煉鋼學識比我強的，光是我們公司，就有兩百多位呢！」

記者大感詫異道：「那為什麼您是鋼鐵大王？您有什麼特殊的本領？」

卡內基這麼說：「因為我知道如何用言語去鼓勵他們，使他們發揮自身所長，為公司效力。」

確實，卡內基創辦的鋼鐵業，是靠一套能有效發揮員工專長的制度，取得了蓬勃的發展。最開始，卡內基的鋼鐵廠因產量無法明顯提高，效益甚差。察覺問題所在後，他果斷地以一百萬美元年薪的高價，聘請查理·斯瓦伯爲總裁。

斯瓦伯走馬上任後，鼓勵日夜班工人進行競賽，工廠的生產情況迅速得到改善，產量大幅提高，卡內基從此逐步走向鋼鐵大王的寶座。

由此可見，卡內基是十分聰明的，如果一開始便自命爲最偉大的煉鋼專家，眞正的能人怎麼可能投入他的陣營、爲他效力呢？

法國哲學家羅西法有句名言說：「如果你想要得到仇人，就表現得比你的朋友更優越吧！」

爲什麼這句話是事實？因爲當朋友表現得比我們優越時，他們會產生一種自己是重要人物的感覺，但是當我們表現得比較優越時，他們就會產生一種自卑感，導致嫉妒情緒。

讓我們來看看接下來的這則故事：

某段時間，美國紐約市中區人事局最得人緣的工作介紹顧問是亨麗塔，但她並非一開始就擁有極好的人緣，甚至初到人事局的頭幾個月，在同儕間連一個朋友都沒有。

你必定感到疑惑，這是為什麼呢？

因為每天她都在使勁吹噓自己的工作成績、新開的戶頭裡的存款數字，以及她所做的每一件事情。

「我工作做得不錯，並且深以為傲。」亨麗塔對成功大師拿破崙・希爾說：「但是，我的同事不但不分享我的成就，還表現得極不高興。我感到很難過，因為自己是如此渴望這些人能夠喜歡我，希望與他們成為好朋友。」

「在聽了你提出來的建議後，我開始少談自己，多聽同事說話。我發現他們其實也有很多事情渴望吹噓、分享，且因為我願意聆聽而感到興奮不已。現在，每回有時間在一起閒聊，我都會讓他們把歡樂告訴我，只在他們問我的時候，才稍微說一下自己的成就。」

想要在人際相處中處處吃香得利，首先得培養出聆聽的態度和雅量，再來，要提醒自己：不要在言語上表現得太「聰明」，尤其當對方犯錯時。

切記，無論採取什麼樣的方式指出別人的錯誤，一個蔑視的眼神，一個不滿的腔調，一個不耐煩的手勢，都有可能帶來難堪的後果。

你以爲對方會心悅誠服地同意你所指出的錯誤嗎？絕對不會！因爲你否定了他的智慧和判斷力，打擊了他的榮譽感和自尊心，同時還傷害了他的感情。他非但不會改變自己的看法，還會想要狠狠地展開反擊，這時，無論你再搬出多好聽的言詞彌補，

可能都無濟於事。

永遠不要說這樣的話：「看著吧！你會知道誰對誰錯的。」因爲這等於在說：「我比你更聰明、更優秀。」實際上，等同於一種挑戰。

在你還沒有開始證明對錯之前，對方已經被激怒並準備迎戰了，這對解決問題有什麼幫助？爲什麼要爲自己增加困難呢？

某位年輕的律師，參加了一個案子的辯論，因為案子本身牽涉到大筆資金，可說相當重大。辯論過程中，最高法院的一位法官突然對這位年輕律師說：「海事法追訴期限是六年，對嗎？」

他當即愣了一下，接著轉頭以驚訝的眼光直視法官，率直地說：「不！庭長，海事法沒有追訴期限。」

後來再回顧，這位律師說：「當時，法庭內立刻靜默下來，似乎連溫度都降到了冰點。雖然我是對的，也如實地指了出來，法官卻沒有因此而高興或欣慰，反而臉色鐵青，令人生畏。」

「為什麼呢?答案顯而易見，儘管事實站在我這邊，我卻因為不會說話而鑄成一個大錯，居然當眾指出一位聲望卓著、學識豐富的人的錯誤。」

是的，這位律師確實犯了一個「比別人正確」的錯誤。

在指出別人錯誤的時候，我們必須把話說得更高明一些。無論對任何人、任何事，開口說話之前，千萬記得提醒自己：要比別人聰明，但不要告訴人家你比他更聰明。

對自己的成就輕描淡寫，抱持謙虛態度，必定最受歡迎。

別輕忽與朋友相處時的言談態度

馬克．吐溫說：「靠一句美好的讚揚，我們能多活上兩個月。」這話雖然有些誇張，但明白彰顯了言語的力量，超乎想像。

培根曾說：「把快樂告訴一個朋友，你將得到兩個快樂；把憂愁向一個朋友傾吐，你的憂愁將會被分掉一半。」

相信沒有人會否認朋友的重要，他們能分享我們的正面與負面情緒，扮演生活中不可或缺的陪伴、支柱。但是，你懂得與朋友溝通交談的正確方法嗎？

與朋友談話，應遵循以下幾個原則：

• **少講客套話**

倘若你到一位朋友家裡作客，對方對你異常客氣，你每說一句話，他只有唯唯而答，滿口客套，一副惟恐你不高興、開罪於你的模樣。如此情況下，你必定會因此覺得有如針芒刺背，坐立不安吧！

你曾經歷過類似情形嗎？或者，你曾如此對待過自己的朋友嗎？

客氣雖然是一種禮貌，但必須斟酌狀況與對象做調整，而不是毫無節制地濫用，否則非但不能使人舒適，反倒感覺痛苦。

對於已相當熟識的朋友，談話的最主要目的，在於溝通雙方的情感，增加彼此的興趣，而客氣話，則好比橫阻在中間的牆，如果不把這堵牆拆掉，就只能做極簡單的敷衍酬答而已。

朋友初次會面，客套話在所難免，但第二次、第三次會面就應少用如「閣下」、「府上」等詞，不然無法建立眞摯的友誼。

客氣話的用途，是用來表示恭敬或感激，而不是用來敷衍朋友的，所以要適可而止，以免流於迂腐、浮滑、虛僞。

若有人替你做了一件小事情，譬如倒一杯茶，表示「謝謝」即可，最多說句「眞

是不好意思，麻煩你了」，但是有些人卻像領受了什麼大恩大德一樣，滔滔不絕地說：「呵，謝謝你。眞對不起，我不該拿這些小事情麻煩你，怎麼好意思呢？這種事情我自己來就行了，實在是……」

相信任何人聽見，都會覺得不舒服。

說客氣話的時候，像背熟了的成語似的，十分公式化地說出口，最易使人討厭。講話態度應溫雅，不可顯得過於急促緊張。還有，切記保持身體平衡，過多的打躬作揖、搖頭作態，反而更不「雅觀」。

把平時過分客氣的言詞改得坦率一些，一定可以享受到友誼之樂。

●朋友面前不自大

愛自我誇大的人是找不到好朋友的，因爲他們自視過高，不大理會別人的意見，只顧著自我吹捧，寧可和那些滿口奉承的人做朋友。

可想而知，如果讓這種人做生意，他會覺得只有自己才配賺大錢；如果讓這種人成爲藝術家，他絕對會以爲自己是一代大師。

但，眞正有修養的人不會隨便誇耀自己，過分自大者通常難成氣候，也很難與人展開良好的溝通。

千萬不要故意地與人爲難。

有的人專門喜歡表示自己和別人的意見不同，如果你說這是黑的，他就硬說這是白的，下一次你說這是白的，他又反過來說它是黑的。這種處處故意表示自己與別人看法不同的人，和處處隨聲附和的人一樣，都是不老實的，會被人看不起，甚至被憎惡，是不忠實的朋友。

說話本身不是目的，表達自己的感情並與他人建立良好關係才是最大意義。相信沒有人願意做一個口才好卻不受歡迎的人，所以，不要爲了刻意表現說話口才而四處逞能，惹人憎恨。

好口才一定要用在正確的地方，才可能在人際交往中吃香。

很多人都有一種毛病：聆聽他人說話時，若發現其中有任何一點與自己的意見不同，就立刻強硬地提出異議，導致爭執產生。

一個眞正會說話的人，當碰上這種場合，會記得先說明哪一點或者哪幾方面，自

己能夠同意，然後才指出雙方意見不同處。這樣做，對方不僅不會因爲面子掛不住而翻臉，也能從言語態度中感受到誠意。

不要抹煞朋友提出的意見，不僅要給予尊重，更該盡可能地稱讚其中優異、出色的地方。如此一來，何愁談話不融洽？

交談時，無論你和對方的意見差距有多大、衝突得多麼厲害，都要拿出一切可以商量的胸懷，並且相信無論有多艱難，都有辦法藉言語取得折衷平衡點，不致造成僵局。

●誠心地讚美朋友

對朋友發出一番讚美之辭，不僅是加深友誼的成功秘訣，也能喚醒對方的潛在力量，提升自尊心，一舉從艱難困苦中超脫。

現實生活中，需要用到讚美的場合很多，因爲無論對自己、對他人，讚美的影響都是積極正面的。

遺憾的是，人們對於司空見慣的事太不注意，沒有意識到人心對讚美的需要，平白浪費掉這項言語利器。

莎士比亞有句名言：「我們得到的讚揚，就是我們的薪資。」

從這個意義上說，每個人都可以是別人「薪資」的支付者，也應該慷慨地把這份「薪資」支付給你的朋友。

回想一下，平時最常聽到的抱怨是什麼？必定不是「太累了」或「太苦了」，而是「我做了這麼多，卻得不到一點肯定或感激」。由此可知，人們確實需要得到讚美，但肯付出這筆無形「薪資」的人實在太少。

有人說，讚美是一筆投資，只需片刻思索就能獲得意想不到的報酬，這話有些道理，但似乎又含有太多實用主義的功利味道。

讚美不應該僅僅爲了報酬，更是溝通情感、表示理解的方式，如同微笑，是照在人們心靈上的陽光。

馬克·吐溫說：「靠一句美好的讚揚，我們能多活上兩個月。」這話雖然有些誇張，但明白彰顯了言語的力量，超乎想像。

因此，即使是和要好的朋友相處，言語上的態度拿捏也不容輕忽。

適度自誇，是高明的說話方法

並不是身處任何場合、從事任何事情都適合謙虛。過度自謙退讓的說話態度，反而容易給人「沒用」的錯覺。

謙虛是一種美德，更是有效拉近自己與他人間距離的說話秘訣，但不可過分濫用，否則將產生反效果。

事實上，當某些特定時刻，我們非但不可謙虛，更要極力自誇。

從古至今，「自誇」的成效驚人已是不證自明的道理。毛遂若不勇於自薦，自身長才必定不會被發掘。蘇秦、張儀遊說列國，鼓吹合縱或連橫，都是在自讚自誇外交方針、軍事策略的高明。

由此看來，早在春秋戰國時代的外交舞台與上層社交場合，自讚自誇就已成爲極普遍的現象。可惜的是，後來的人際交往演變，卻逐漸形成了一種偏激而保守的傳統見解，視自謙自貶爲美德，視自讚自誇爲狂妄。

現代化開放風氣下，商品經濟發達，人際交往頻繁，新產品、新精神以及新行業、新知識和新人才不斷湧現，導致了競爭的激烈白熱化。若不懂得適度自誇，你的優點會有誰知曉呢？

務必要釐清一個觀念：自讚自誇與自吹自擂，兩者是截然不同的。前者以事實爲基礎，講究說話的方式方法，進行適當的藝術加工；後者則純屬不顧事實眞相牛皮、空話。

那麼，如何才能做到適度、聰明的自讚自誇？

自讚自誇的首要法則，要實事求是，符合實際情況，符合科學規律。誇大其詞達到違反常規的地步，只會降低可信度與效果。

其次，自讚自誇應有明確的目的。無論是招聘人才、購買商品，都有一定的規

格、要求，若你的優點非對方所需，你的長處非對方所急，再高明的自讚自誇都無異於對牛彈琴。而要了解對方的所急所需，就必須事先進行調查，掌握真實現況，做到知己知彼，心中有數。

再者，自讚自誇既可以直接出自本人之口，也可以轉借他人之口，最好還輔以如獎狀、獎品、名人評介、新聞傳播媒體的表彰……等等證明，增強可信度和說服力。

另外，最重要的，自誇千萬不可過度，以免引起聽者反感。最聰明的方式是做到小貶大褒、輕貶重褒，既體現實事求是的態度，又給人留下謙虛的好印象，全然無損自身形象。

我們當然不能否認謙虛的好處，然而，並不是身處任何場合、從事任何事情都適合謙虛。過度自謙退讓的說話態度，反而容易給人一種「沒用」的錯覺，實際上並不聰明。

要把馬屁拍得恰到好處

不要把拍馬屁當成一種羞恥，事實上，恰到好處的馬屁，不只可以幫助自己拓展前途，更是眼光過人與智慧獨到的最好證明。

戲法人人會變，巧妙各有不同。安祿山造反之前是個馬屁精，他的拍馬術可謂別出心裁，但萬變總不離其宗——討主子的歡心。

唐玄宗開元二十八年，安祿山被封爲范陽節度使，初次入朝覲見時，太子李亨也在場，但安祿山卻不對太子行跪拜禮。

唐玄宗見狀隨即加以責問，他卻狡辯說：「臣子是胡人，不懂法度，不知太子是何官職？」

玄宗說：「是未來的皇帝。」

想不到安祿山卻搖頭：「臣是愚昧之人，只知道天子，不知道太子。」

唐玄宗一聽大喜，認爲安祿山是個忠君至誠的老實人。

入朝後，安祿山得知唐玄宗寵愛楊貴妃，便竭力巴結，除了恬不知恥地拜比自己還小上十多歲的楊貴妃爲義母，每次入宮還必定先拜見楊貴妃，再拜見唐玄宗。對此，他又有一番解釋：「臣子是番人，番人的習慣是先拜母親，再拜父親。」

唐玄宗聽了之後，覺得相當有趣，對安祿山更加喜歡。

如果說安祿山「先母後父」的拍馬屁技巧發揮一舉兩得的效果，那麼以「口蜜腹劍」聞名的李林甫，拍馬術就更値得一提了。

李林甫是一位深得唐玄宗信任的大臣，但其實本身並不具備什麼出衆的才能，只因爲非常善於拍馬逢迎，所以爲官以後一路順遂，很快便掌握大權。

有一回，新任宰相李適之向唐玄宗上奏說：「臣在華山下面發現金礦，如果開採出來，必定可以強兵富國。」

玄宗聽了相當高興，便召李林甫前來商量。

但李林甫卻十分平靜地說：「臣早就知道了。」

唐玄宗深感納悶，便問：「那你爲什麼不早說呢？」

李林甫回答：「華山是皇室龍脈、王氣所在，所以臣子從不敢亂說。」

這個回答令唐玄宗深深感動，認定李林甫一心忠於國家，並從此對李適之產生偏見，甚至下令：「今後凡有事上奏，一定要先讓李林甫知曉，不得草率從事。」

李適之因而吃了個大大的悶虧。

縱觀中國歷史，我們可以發現一個有趣的現象，愈是智識程度不高的皇帝在位，該朝拍馬屁的水準愈是讓人嘆爲觀止。明代君主昏庸，宦官亂國，一樁樁令人拍案叫絕的馬屁故事便在這兩百年間不斷上演。

例如，明英宗正統年間，有一王姓官吏專拍大太監王振的馬屁。

太監因爲割除生殖器，所以無法長出鬍鬚，爲此，這位在太監手下辦事的王姓官吏也不再留鬍子。

有一回，王振終於忍不住發問：「你爲什麼不留鬍子？」

這官吏馬上回答說：「老爺您沒有鬍子，兒子我怎麼敢有鬍子！」同時還做出一副卑躬屈膝的樣子。

這般奉承自然令王振大爲欣喜，這名官吏也從此平步青雲。

到了清朝道光、咸豐年間，儘管陝西長安知縣托喀紳才智平平，卻能在官場上不斷升遷。其中奧妙何在？

原來，是因爲他有過一段輝煌的拍馬歷史。

當時，陝西新任布政使林壽圖受命走馬上任，長安知縣托喀紳得知後，便命令工人於官邸內造出幾個與衆不同、十分顯眼的馬桶。

長安知縣的聰明之處就在於，他探知上司的夫人是南方人，沒有蹲茅廁的習慣，特意準備馬桶供夫人使用。如果能讓上司及他的夫人滿意，日後難道會沒有好處嗎？

果眞不出所料，不久，托喀紳便從長安知縣一躍而成知州。

不要把拍馬屁當成一種羞恥，事實上，恰到好處的馬屁，不只可以幫助自己拓展前途，更是眼光過人與智慧獨到的最好證明。

掌握技巧，讓談判收到實效

除了聆聽對話內容，還要注意表達的方式，抓出「隱藏在字裡行間的真正意思」。

要讓語言這項武器發揮最高戰力，就要懂得站在對方的角度，說對方最聽得進去的話語，間接傳達自己想要傳達的意思。

說服對方，使原先持相反意見者改變初衷，接受你所提出的建議，正是溝通和談判的主要目的。

要達成這目標並不簡單，需要很高的口才技巧輔助。歸納起來，強化說服的小技巧主要有五項：

●用互惠互利說服對手

強調互相合作、互惠互利的可能性和現實性，激發對方在自身利益認同的基礎上，進一步接納你的意見和建議。

在買賣雙方各持利益的前提下，彼此意見相左、互相猜疑，影響談判進行與達成協議的可能是常見的事，因此要想成功，首要在於有效說服。

當對方懷疑自身利益受到不公正待遇或遭遇損害時，千萬不要馬上駁斥甚至攻擊，因爲維護利益是正當行爲。產生爭執的時候，最重要的是用共同利益加以說服，使對方明白一方獲取利益並不代表另一方就要受到損害，而是雙方互惠互利，取得雙贏。

找出並強調共同利益，正是說服工作的根據所在。

●保持謙虛有理的態度

溝通過程中難免會有令人不滿意的情況產生，雙方都會面臨一些必須克服的反對意見，因此需要拿出能說服對方的正當理由。若對方的意見正好點出自身產品或服務的缺點，應當認眞地傾聽、改進。

最好明確表示你了解他們所說的內容，並願意切實改進，虛心聽取意見的態度具有一種無聲的說服力，能使對方最終同意你的觀點，並心甘情願地在合約上簽下名字。

若是與利益協調相關的問題，你應當在虛心聽取意見之後，搜集更多的資料，讓對方充分地了解實情。

切記，用資料說服對手，比單純憑藉語言更能打動人心。

●複述對方的談話觀點、內容

一旦對方開始講話，就要透過複述或筆記表現出你的專注聆聽。複述指準確簡潔地重新表述對方的意見，這樣做的目的，在檢驗自己是否正確理解聽到的話，並鼓勵對方進一步詳細解釋他的意見。

此外，在提問——回答式的討論過程中，複述還能確保每個人都能聽到正在討論的內容。

要想複述得準確，首先必須拿出耐心，把話聽完整。過程中注意主要思想、表述方式和主題，並且進行組織，而不要馬上評判它們的對錯。

下一步，重複幾個關鍵字或總結主要思想，例如「也就是說，您提出三條建議……」，而後列出主要思想諸如「您主要擔心的問題似乎是……」

●聽出字裡行間的意思

除了聆聽對話的內容之外，還要注意表達的方式，力求抓出「隱藏在字裡行間的眞正意思」。

注意講話者的音調、音量、面部表情以及肢體動作。最好能同時帶入感情，想像自己若處於同樣處境會有什麼感覺。將心比心，更有助於理解。

●適當地做點記錄

某些情況下，你可能需要在聆聽同時做筆記。

做筆記能夠說明你對正在討論的話題感興趣，並準備追隨講話者的思路。做筆記的時候不需要太詳盡複雜，能抓到重點即可，才不至於因此失去與交談對象的目光交流聯繫。

表示出眞誠理解的態度，輔以眼神交流、做筆記、將心比心等小技巧，可望有效加強自身的說服力，使言語更具魅力，使談判順利成功。

PART 10

恰如其分地讚美別人

要恰到好處地讚美別人不是一件容易的事，
但如果稱讚得體，就能博取對方歡心，
快速拉近彼此之間的距離。

不要吝於讚美別人

適度、真誠、委婉、合情合理的讚美是去病除疾的良藥，言過其實的讚美會令人生厭，效果適得其反。

每個人都喜歡聽好聽的話，說好話絕對比做好事更容易達成溝通的目的；想要達成目的，在溝通的過程中，如何讚美別人，如何把話說到別人的心坎裡，絕對是必修的學分。

如果你不知道如何站在對方的立場看問題，不知道適時稱讚對方，藉機把話說進對方的心坎裡，非但無法達成自己的目的，而且還會使自己在溝通的過程處處碰壁，難以和對方進行良性互動。

古人說：「快刀割體傷易合，惡語傷人恨難消」，說明出言不遜的人只會自食苦果，只有處處與人爲善，寬以待人，才會建立與人和睦相處的基礎。

在現實生活中，有些人不討人喜歡，四處樹立敵人。這並不是大家故意和他們過意不去，而是他們在與人相處時，總自以爲是，對他人百般挑剔，隨意指責。

如果你想成爲一個被人喜歡的人，就必須學會衷心地讚美別人。

有句話說：「人性中最根本的願望，就是希望得到讚賞。」

一個笑容可掬，擅於發掘別人優點給予讚美的人，肯定會受別人的尊敬和喜愛，這種人自然身心健康，生活、工作都十分愜意。

在日常生活中或職場上適時地讚美他人，會讓彼此的信賴關係更穩固，也會激發出工作意願。譬如女性最喜歡別人讚美她漂亮，簡單不費功夫的一句話，可是女性最棒的活力來源。

當然，如果要請別人幫你做事，讚美對方更是不二法門，即使讚美到他害羞的地步，也絕對不是壞事。

在孩子的教育上，那就更不需懷疑了。以責備方式來教導孩子，是不會有太大效果，還不如費一點心思，找出可取之處來讚美他。比起做錯事被責備，小孩子絕對會比較喜歡被讚美的。

一旦被讚美，就能增加自信心，會產生一種自己被認同的安全感。因爲，自己被人信賴的喜悅，會讓人產生一股動力，因此我們應該儘量針對對方的優點去讚美他。

對於攻擊性的態度，一般人都會很自然地產生敵對的心理，對於親切的態度，他們也會產生友善的反應。如果是以施壓的態度接觸小孩，不管你說話再怎麼有趣，他們也不會聽你的。

大人其實也和小孩一樣，當你發現職場上有人拼命工作而得到優異成果時，都應該不吝嗇地讚美他。

千萬不要等他離職時，你才說他是難得的人材，或是一個優秀的業務精英什麼的，這樣不僅不能激勵他，也對公司毫無助益。

提到讚美，我們經常在婚禮的致詞上聽到，新郎都是優秀分子、前途無可限量，新娘都是才貌兼備的女性等等。雖然我們會把它當作是形式上的讚美致詞，但內心還是得十分高興。

不管如何，在儀式上我們已經習慣了充斥著瑰麗辭藻的讚賞，但在日常生活或職場上，我們都還不習慣讚美別人，因為對於讚美都會直接聯想到，它是一種恭維或者巴結，因而產生抵抗感。

礙於保守的民族性，東方人不像歐美人那樣會直率地道謝，讚美別人，反而很怕別人認為自己別有居心；被讚美的人就算是事實，也會在嘴上謙虛地加以否定。

其實，讚美至少是一種友好的態度，意味著溝通的積極表現。你不妨大方讚美對方，也接受對方的讚美！若覺得懷疑，多注意就好，即使被欺騙，也不是什麼大不了的事。

此外，積極地讚美他人吧！它可以當作加強溝通的潤滑劑。雖然有人會覺得這樣太輕浮了，但這樣才能讓地球運轉得更順暢。

在職場上也試著利用讚美的功用吧！它和獎金不同，是不需要花錢的，而且還能得到很大的效果。

讚美必須要選擇時間與場所，否則可能讓被讚美的人產生被諷刺的錯覺。別忘了，一定要採取公開的方式，暗地讚美是毫無意義的。

適度、眞誠、委婉、合情合理的讚美是去病除疾的良藥，言過其實的讚美會令人生厭，效果適得其反。

潛心去研究讚美這門學問，一定會使你的心靈充滿喜悅與幸福，讓你的工作與生活充滿陽光和希望。

千萬不要逞口舌之能

想要成為優秀的說話高手，談吐必須機智得體，在製造風趣幽默效果的時候，千萬不要冒犯他人，否則就會適得其反。

人如果不關心正和自己交談的對象的話，很難成爲一個受人歡迎的說話高手。懂得說話藝術的人，有時儘管話語說得很少，但卻能挖掘別人身上的優點，透過眞摯的讚美誘導對方開口說話。

他們和別人交談的時候，態度非常眞實熱忱，而且善解人意，因此，在他們面前，即使是個性害羞內向的人，也能輕鬆自入地侃侃而談。

他們解除了別人的心防，讓他們不再有所疑慮，使得他們能夠敞開心胸暢所欲言。大多數的人們都認爲，他們是一個風趣幽默的談話大師，因爲他們能夠挖掘別人身上最優秀的內涵。

倘若你想成爲一個四處受人歡迎的人，那麼，你就必須先旁敲側擊了解與你交談的對象，然後用他們最感興趣的議題來引導他們加入話局。

因爲，如果你的議題不能令談話對象產生興趣，那麼，你試圖拉近彼此心理距離的努力，將會徒勞無功。

有些人能夠準確地挖掘別人身上的優點，有些人則恰好相反，總是觸及別人隱隱作痛的傷口。善於發現別人優點的人之所以受歡迎，就在於他們會使別人忘掉不愉快的事情，而且懂得喚起別人身上所具有的特殊優點。

想要成爲優秀的說話高手，談吐必須機智得體，在製造風趣幽默效果的時候，千萬不要冒犯他人，否則就會適得其反。

如果你想令別人感到自己的談吐詼諧幽默，除了必須鍛鍊自己的說話技巧之外，必須留意的是，千萬不能逞口舌之能戳傷別人的痛處，或者是嘲諷別人。

輕鬆自在地表現自己

其實你的自我意識不需要太強烈，應該坦率而自然地表現出自己想法。別人並沒有你想像的那樣注意你，不妨自在輕鬆地表現自己吧。

很多人不習慣在眾人面前說話，尤其是生性害羞、內向的人更容易發窘，一緊張起來，就開始心跳加速、冷汗直流、雙腿發軟、天旋地轉……先前準備好的說詞可能早已忘得一乾二淨，說起話來不知所云，視線也完全不敢投向前方。

遇到這種情況，你可能覺得自己完蛋了……

可是，當你恢復意識後，有時卻會發現狀況與自己想像的迥然不同。你或許會看到有人露出微笑，甚至坐在隔壁的上司還稱讚你說得很好，大家都紛紛誇你態度穩重，說話也有重點。

這一定會讓你大吃一驚吧！怎麼會完全出乎自己意料之外呢？

這種情況其實常發生。原因在於，你可能非常重視這件事，但別人根本覺得沒什麼，所以即使發生一點點差錯，你會覺得事態嚴重，不過別人卻不這麼想的。這是因爲，人通常只注意到自己，對攸關自己的事情非常重視、在意，對別人的事就沒太大感覺。

人際關係上也是如此，或許你會覺得：「對他說話還是客氣一點比較有禮貌。」但是，對方心裡卻可能會想：「這人說話好虛僞，眞不知道他到底在想什麼。」

所以，其實你的自我意識不需要太強烈，應該坦率而自然地表現出自己想法。別人並沒有你想像的那樣注意你，不妨自在輕鬆地表現自己吧。

過去，大家會認爲謙虛就是一種美德，不過，這一套在現代早已不太適用了！我們常常會說：「我沒辦法勝任這件事」、「比我有能力的還大有人在」，其實大多時候，內心都是在想：「我優秀得很呢！」以爲自己這樣是很謙虛的。

不過，換成是你，聽到這樣的話，應該不會對對方有好印象吧?!你可能覺得對方很不積極而已。

所以，倒不如再多表現出自己，如果遇到了能力不及的事，就要採取積極努力的態度，這是比較重要的。

要注意的是，可別太高估或吹噓自己的能力，這是許多人常犯的毛病，往往爲了抬高自己的身價，大拍胸脯保證或是誇下海口，不過不要忘了，虛張聲勢的話會馬上被看穿的！

當別人對你有好印象的時候，其實是你的能力和言語一致，而且具有說服力的時候，也就是對方能明確地評估你的時候。

坦誠地表現自己，就能給與對方好印象。

還有，我們大都無法同時處理很多工作，因此當上司突然交代某些新工作給你時，你就必須就手頭上的工作進行取捨，不過，關於那些想要拒絕的話語，你應該是很難說出口吧！

那麼，當你非得接受超越自己能力以上的工作時，該怎麼辦呢？

其實，與其事後才懊惱不已，你不妨一開始就婉轉地向上司說明自己的工作狀況，這才是聰明的做法。

你可以委婉地說明：「老實說，從我現在的能力和工作量來看，我想，要完成這項任務是很困難的，可是我願意盡力試試看。不過，若途中需要協助的話，必須麻煩您找人支援。」

這樣一來，你積極的態度就會被讚許，而且大家也會很樂意協助你。就算途中接受了支援，你也不會有難堪或受傷的感覺。

其實，不管是工作或人際關係上，你想要有怎樣的結果呈現，都全憑自己，關鍵點就在於樂觀進取，不要給人負面的印象了！

建立人際關係，從「聽話」做起

聚精會神地聆聽博學多聞的人談話，不僅能增進自己的人際關係，獲得志同道合的朋友，也可以從中萃取豐富自己人生所需的養分。

波斯作家薩迪曾說：「口中的舌頭是什麼？它是智慧寶箱的鑰匙，只要不打開，誰都不知道裡面裝的是珠寶還是雜貨。」

言語對於大部分普通人來說，是用來交流思想的，但是，對某些聰明人來說，則是用來掩蓋思想的。

交談的藝術，不只是讓人聆聽的藝術，也是聆聽別人說話的藝術，因此，在交談當中，一個人獨佔全部的話題，是一種無禮且不合情理的錯誤。

千萬要記著，大自然賦予人一條舌頭和兩個耳朵，爲的是讓人聽到的話兩倍於說出的話，如此才可能增長自己的智慧和人際關係。

在現實生活中，有許多人不僅不懂得說話，也不懂得「聽話」。現代人的生活步調太過匆忙，大都缺乏耐心去聽別人談話，有時根本就不尊重正在與我們交談的人。

和別人交談的時候，我們往往表現得心不在焉，極不耐煩地左顧右盼，或者玩弄雙手和身邊的物品，或者不禮貌地打斷別人的談話。

總之，我們老是恨不得趕快結束這次談話，趕往下一個目的地，和另一個對象進行相同的會話。

這種現象正代表著，我們懷著急功近利的心態，生活在焦躁不安之中，不曾為自己和別人留下深入交流的時間，生活的壓力推促著我們盲目地前進，在熙來攘往的人潮中推推擠擠，想擠出一條康莊大道，以便朝著夢想中的名利權勢奔去。

因為欲求不滿足而滋生焦躁不安，是現代人最顯著的特徵之一。除了追逐權勢、

名位、財富之外，其餘的事物都不會令我們產生興趣，反而讓我們感到厭煩。很多時候，我們和別人交往，並不是以建立彌足珍貴的情誼爲基礎，而是以功利的角度來衡量他們對自己的價值，評估他們能爲自己帶來多少助力，能否幫助我們達成自己的目的。

生活的緊張、繁忙與庸碌，使我們認爲自己沒有多餘時間去培養待人接物應有的優雅禮儀，也沒有時間吸收別人的優點，增強自己的內涵與學識。

殊不知，這種膚淺的想法與行爲，久而久之，就會使我們成了言語無味、功利市儈的世俗庸人，缺乏吸引別人接近的魅力。

其實，聚精會神地聆聽博學多聞的人談話，不僅能增進自己的人際關係，獲得志同道合的朋友，也可以從中萃取豐富自己人生所需的養分。

如果，你渴望建立一流的人際關係，讓自己獲得更多友誼和助力，首先，你必須從專心聆聽別人說話做起，以虛懷若谷的態度尊重別人的言談。

成為傾聽高手的不二法門

不能成為傾聽高手絕對是有百害而無一利的，靜下心來想一想，你是否懂得認真聆聽別人說話呢？

不論做任何事，想要得到美好的成果，集中注意力是必備條件，這個原則可以應用在商業、藝術、運動……等各方面上。

交談之時的傾聽方式也是一樣，集中注意力是很重要的。

傾聽高手是會認同別人存在、激發出別人潛在能力，而且讓別人內心溫暖的人。每個人都衷心盼望自己身邊能有這種傾聽高手，如果你能成爲傾聽高手，就代表你成爲他人所歡迎的人，不但人際關係會變得很好，能得到各種有益情報、得到別人的協助，發生困難時也能得到必要的支援，好處多多。

一般人大都比較想培養說話能力，但其實傾聽能力才是更重要的，因爲不管在工作或人際關係上，最基本的互動就是溝通，而溝通又是由傾聽這種行爲來達成的。傾聽能力越高，溝通也會越順暢，人際關係也一定會變好。

成爲傾聽高手能帶來一些具體好處，像是受人喜愛、能順利地進行工作、不會錯過任何有利的情報、成爲說服高手及說話高手……等等，這些都是有連帶關係的。

雖然每個人的好惡都很主觀，情況也因人而異，但同樣一個人，爲什麼有人喜歡他，有人卻討厭他嗎？

關鍵點就在交談時的表情與態度。

怎樣的表情與態度才會受到別人喜愛呢？

除了笑容、尊重對方的反應、思考自己在對方心中的印象之外，要養成受人喜愛的傾聽方式，還有一些值得注意的地方：

1. 注意不要有瞧不起對方的態度與言語。

我們都討厭別人瞧不起自己，使自尊心受到傷害，所以言談之際，也不能使別人有這種不愉快的感覺。

2.尊重對方的立場。

每個人都會先想到和自己有密切關連的事，希望對方多少考量到自己，因此交談之時要尊重對方的立場。

3.要有恰到好處的附和。

附和應該是發自內心的感覺，不要讓人有矯揉做作的嫌惡感。

4.一邊筆記一邊傾聽，對方就會對你萌生好感。

因爲，對方會覺得自己受到重視，心情當然就愉快了。

5.不要逼問，而要詢問。

詢問是要確認對方說的事，關於不清楚的事情，希望對方在能力範圍內能告訴自己，但一旦用逼問的方式，就會讓對方惱火而不愉快。

6.懂得稱讚他人，取悅對方。

人和人說話會心情變得愉快，往往是在對方對自己有不錯評價的時候，因此，該

稱讚的時候不需要猶豫，想到時就可馬上脫口而出。

7.引用對方的話。

對對方的話迅速地反應，在對話中引用他的話來說，是聰明的做法，尤其是表現對方心情或情緒的話，就會更有效果。

8.醞釀出悠閒的氣氛。

一般人交談之時，最討厭無法定下心來說話的感覺了，因爲會有對方沒有確實消化自己話語的空虛感。說話的一方如果覺得聽者並沒有認同自己的存在，又怎能對這種人有好感呢？因此製造出悠閒的氣氛是一定要的！

9.不使用讓說話者失去意願的言語。

一般而言，只要聽到否定的言語、明顯沒有認眞聆聽話的言語、懷疑的言語、催促談話的言語，說話的人就會馬上失去繼續說話的意願，使得交談氣氛冷淡下來。

就說話藝術而言，不能成爲傾聽高手絕對是有百害而無一利的，靜下心來想一想，你是否懂得認眞聆聽別人說話呢？

恰如其分地讚美別人

要恰到好處地讚美別人不是一件容易的事，但如果稱讚得體，就能博取對方歡心，快速拉近彼此之間的距離。

要恰如其分地讚美別人是件很不容易的事，如果讚美得不恰當，反而會令對方生氣。要想讚美得恰到好處，就必須盡早發現對方引以爲豪、喜歡被人稱讚的地方，然後對此大加讚美。

因此，在尙未確定對方最引以爲豪的地方前，最好不要胡亂稱讚，以免自討沒趣。試想，一位原本就爲自己身材消瘦而苦惱的女性，聽到別人「讚美」她苗條、纖細時，又怎麼會高興呢？

那麼，究竟什麼才是一個人引以爲榮的地方呢？

首先，每個人都有自己的特長與愛好，這些特長、愛好常常就是一個人引以爲榮的地方，因爲特長是他優於別人、超出別人的地方；愛好則是一個人的興趣所在，許多人會在自己的愛好上投入大量財力、物力、精力。

因此，靈活交際的智慧就在於尊重別人的特長與愛好，再加上適當的讚美，就能贏得一個人的歡心。

對有一定特長的人，如書法、繪畫、釣魚、種花等等，不可只是口頭上的讚美，最好抱著謙虛請教的態度向對方討教一番。即使你對那方面瞭解頗深，也不妨顯得有些外行，好讓對方表現一番。

其次，每個人或多或少都有些自認爲很光榮、很光彩的往事，他們常常把這些事掛在嘴邊，老是說：「想當年……」「那時候，我曾經……」「在法國留學那一陣子……」

對於這些往事，他們常常希望得到別人的讚許。因此，瞭解對方引以爲榮的往事再加以稱讚，多半能令對方高興。

最後，每逢女性改變髮型、服飾、裝扮時，一定要加以稱讚。像是說：「今天的耳環不一樣，是在哪裡買的呢？」

聽見這種暗藏讚美的話，沒有一個女孩子會不高興的。對許多女性而言，服裝或飾物是自己最希望受人讚美的部分。

但要注意，若是對這方面不甚了解而隨便讚美，也有可能帶來反效果，例如將廉價的衣服讚爲「高貴的服飾」，可能會令對方有被愚弄的感覺。

要恰到好處地讚美別人不是一件容易的事，但如果稱讚得體，就能博取對方歡心，快速拉近彼此之間的距離。

因此，若想成爲一個成功的領導者，對「稱讚」這門學問就要好好研究，它會是開拓人際關係的最佳武器。

禮貌得體地使用語言

巧妙運用禮貌用語是社交場合中的最高智慧，它能使雙方相處得融洽，有利於友誼的發展。

一句話能使人跳，也能使人笑。

語言是思想的衣裳，還能展現出一個人的氣質與教養。交際中如能使用禮貌的語言，不僅能爲自己塑造出良好的形象，還能發揮「良言一句三冬暖」的效用，人與人之間的感情很快就會融洽起來。因此，應對之時應多加使用如您好、謝謝、請、對不起、別客氣、再見、請多關照等種種禮貌性語言。

以往在招呼對方時，多習慣問：「吃飽了嗎？」但這樣的打招呼方式太單調，也有點不雅。在這方面，可以多用「早安」、「午安」、「晚安」、「最近好嗎」、

「請代我向夫人問好」等等詞語替換。

但不論打招呼的內容爲何，語氣務必要溫和親切，音量要適中，若說話尖聲尖氣，別人就難有好感。

在人際交往中，得體地使用禮貌語言和謙詞，可以給對方留下良好的印象。在這裡介紹十種在一般場合中常用的禮貌用語：

一、與好久未曾見面的人見面時說：「久違」。

二、與不相識的人初次見面時說：「久仰」。

三、有了過失求人原諒時說：「請多包涵」。

四、請人幫忙時說：「勞駕」。

五、有事要找別人商量時說：「打擾」。

六、請對方不必再送行時說：「請留步」。

七、發表自己意見時說：「有不對的地方多請指教」。

八、有事要暫時離開時說：「失陪」。

九、歸還物品時說：「奉還」。

十、當別人表示謝意時說：「別客氣」。

在談話中不應用命令性的詞語，這類詞語也非禮貌性詞語。「你應當這樣」、「我們應當」、「我們必須」這類話語，都易令聽者不愉快、不舒服。此外，在公共場合中談話時，高聲辯駁、出言不遜、惡語傷人等都是大忌。

還有些人總是喜歡大談自己如何如何，令人難以接受。

義大利音樂家威爾第五十歲時，曾與一個十八歲的青年作曲家談話，但這位年輕人只喋喋不休地談論自己和自己的樂曲。

當威爾第專心聽完他的談話後說：「當我十八歲時，我認為自己是個偉大的作曲家，總是談『我』；當我二十五歲時，我就說『我和莫札特』；當我四十歲時，就改說『莫札特與我』了。」

這一席話很發人深省，它告訴我們，一個人要少談自我、要有自知之明，不要目中無人。

在人與人的交往中，稱呼是必不可少的，人們對於稱呼的恰當與否也相當敏感，有時這點還會決定交際的成敗，稱呼不當就會產生情感上的障礙。

現代人的稱呼名目繁雜，但一個適宜得體的稱呼，就能產生微妙的作用。對男性的稱呼，一般多用「先生」，但對女性的稱呼，就要多加注意對方的身分了。一般稱已婚的女子爲「太太」；如果對方身分地位較高，應稱爲「夫人」；對未婚的女子則稱呼「小姐」。若是面對陌生、不熟識的女子，稱呼「小姐」會比貿然稱她爲「太太」安全得多，無論對方是十六歲或六十歲，寧可讓她微笑告訴你她是「太太」，也不可使她憤怒地糾正你應該叫「小姐」。

稱呼除了在性別上的分別外，還要注意對方的年齡、輩分、地位。對長者可尊稱爲「奶奶」、「叔叔」等；若對方是上級，可用職務稱呼他。尊稱易使雙方感情融洽，也能表現出自己禮貌與恭敬的態度。

巧妙運用禮貌用語是社交場合中的最高智慧，它能使雙方相處得融洽，有利於彼此間友誼的發展。

用祝願式言語增進情誼

雖然祝願式的言語不一定有邏輯性，但只要話語中包含誠心的祝福，對方自然樂於接受，也就有益於促進彼此間的關係了。

好聽的話語人人愛聽，所以在人際交往的過程中，多說點好聽話能減少彼此之間的摩擦，加強彼此的情誼。所謂的「好聽話」不單是指稱讚對方的話語，同時還包含帶有祝願意味的話語。

祝願式言語主要強調一種美好的意願與說者真摯誠懇的感情，是用一種友好的心情去祝對方的未來發展狀況順利、一切心想事成。這類話語不一定合情合理，但由於話中帶有善意，所以聽者多半會欣然接受。

例如，在某間飯店的公關部售票台前，有位客人匆匆來到櫃檯前要訂車票。

「早安！」辦事員很有禮貌地站起來招呼。

「我要三張後天去紐約的九十一號列車車票。」這位客人不耐煩地說。

見客人情緒不佳，辦事員立即將訂票單取出，幫客人登記。當寫到車次時，他習慣性地問：「先生，萬一這趟車訂不到，三一一或三〇五號列車可以嗎？它們的發車時間是……」

但沒等對方說完，客人就連說：「不行！不行！我就要搭九十一號列車。」

辦事員又強調：「萬一……」

沒想到這番好心反而把客人惹火了。「什麼萬一？你們是為客人服務的，怎能這麼說？」客人有些惱怒。

這時，這名辦事員立即意識到自己說話的方法不妥，差一點把客人趕跑了。他根據對方回應的信息，立即調整話語，轉換語氣說：「我們一定盡最大努力，設法為您買到票。」客人這才滿意地離去。

第二天客人來取票之時，根據前一天打交道的情況，辦事員一改過去公事公辦的態度，笑瞇瞇地對他說：「先生，您的運氣真好，明天九十一號列車的車票恰好只剩三張票，我已經幫您買下來的。先生您的運氣這麼好，肯定是要發財了。」

客人一聽此言，立即眉開眼笑，還到販賣部買了一大包零食請辦事員吃，而且從此以後，他成了這家飯店的忠實顧客。

上面例子中的辦事員，從買到車票的幸運「推測」出「發財」一說，這兩者之間沒有必然性可言，也不具備多少合理性，但重點在於它是一句人人都愛聽的好聽話，讓人聽了就開心。

祝願式言語帶有濃厚的情感色彩，需要內含眞實的情感，並給予對方最爲貼切的讚美。雖然祝願式的言語不一定有邏輯性，但只要話語中包含誠心的祝福，對方自然樂於接受，也就有益於促進彼此間的關係了。

用幽默的方法，扭轉對方的想法

Humorous way to say your opinion

想讓對方改變想法，**不一定要凶巴巴**

激勵作家約瑟夫．紐頓曾經寫道：

「化解矛盾的最有效方法就是幽默。只要適時運用幽默的方法，就能避免彼此爭論、對立，而且可以使對方瞬間恍然大悟，理解自己犯下的錯誤。」

想要改變對方的想法，就要使用幽默的方法。幽默是最強大的征服力量，既可以讓對方卸下原有的心防，也可以緩和潤原本僵持對立的氣氛。

面對別人的反對、質疑或批評，與其激烈爭辯或惡言相向，倒不如選擇輕鬆因應，用幽默的方法表達自己的看法，唯有如此，才能使對方打從內心改變那些錯誤的想法。

You must know the homorous speech

你不能不知道的幽默說話術

活用幽默藝術，才是最好的溝通方法

美國作家比徹・斯托曾說：

「只要你能用幽默的方式讓對方會心一笑，對方就會不由自主照著你的意思去做。」

確實如此，幽默往往會製造左右他人決定的效果，訣竅是抓準時機發揮幽默感，用巧妙的方式讓對方明白自己的意思。
機智與幽默是人際互動的最佳應變智慧，活在這個人際關係緊張對立的社會，懂得適時幽默一下，才是最高明的溝通方式。

凌雲 編著

溝通智典

11

懂得讚美，效果會增加好幾倍

作　　者　陶　然
社　　長　陳維都
藝術總監　黃聖文
編輯總監　王　凌
出 版 者　普天出版家族有限公司
新北市汐止區忠二街 6 巷 15 號
TEL / (02) 26435033 (代表號)
FAX / (02) 26486465
E-mail：asia.books@msa.hinet.net
http://www.popu.com.tw/
郵政劃撥 19091443 陳維都帳戶
總 經 銷　旭昇圖書有限公司
新北市中和區中山路二段 352 號 2F
TEL / (02) 22451480 (代表號)
FAX / (02) 22451479
E-mail：s1686688@ms31.hinet.net
法律顧問　西華律師事務所・黃憲男律師
電腦排版　巨新電腦排版有限公司
印製裝訂　久裕印刷事業有限公司
出 版 日　2020 (民 109) 年 6 月第 1 版
ISBN◉978-986-389-724-8　　條碼 9789863897248

國家圖書館出版品預行編目資料

懂得讚美，效果會增加好幾倍／
陶然著.—第 1 版.—：新北市,普天出版
民 109.06 面； 公分. - (溝通智典；11)
ISBN◉978-986-389-724-8 (平裝)